令和日本の課題

「認知症」と「まち」

——先進地スコットランドから学ぶ

井上裕
INOUE Yutaka

文芸社

目　　次

はじめに

　近年、認知症についての考え方が、大きく変化してきた。変化をもたらした契機は、若くして認知症の診断を受けることになった当事者たちが自らの声を発し、社会の偏見を打ち破るために勇敢に立ち上がり、変革を求めるようになったからだ。

　自分が認知症であることを名乗り、声をあげたのは、クリスティーン・ブライデンさんだった。彼女はオーストラリアの首相内閣省の第一次官補として、国の科学技術政策に携わる要職にあったのだが、1995年、46歳の時にアルツハイマー病の診断を受け、翌年に退職し、1998年に最初の著書 "Who will I be when I die?"【＊1】（邦訳『私は誰になっていくの？―アルツハイマー病者からみた世界』【＊2】）を出版し、認知症についての世間の常識を変えていった。

　イギリスの北の（現在、独立の動きが活発になろうとしている）スコットランドでは、1999年、59歳の時、脳血管性の認知症であるとの診断を受けたジェームズ・マキロップさんという男性が、2002年、認知症の研究者や専門家などの専門組織の人たちを集めた会議での研究発表に臨み、会議の成功をもたらすとともに、世界で初めての認知症の本人たちによる政策提言のためのワーキンググループを立ち上げ、初代議長となって活動を開始し

た。

　彼ら認知症の本人たちの声が、認知症についての専門家たちの考え方を変え、国の政策や人々に影響を及ぼしていった。

　日本でも、スコットランドで誕生したワーキンググループに触発されて、認知症に対する社会の偏見を正すべく、2014年に認知症の本人たちのワーキンググループが結成された。こうした動きはメディアでも取り上げられてきたから、ご存じの読者も多いだろう。

　2017年4月に日本の京都で行われた国際アルツハイマー病協会の国際会議においても、認知症の当人たちが発する声こそが、現在の認知症への取り組みにあたって、世界的な基調をつくっていることを確認させるものであった。

　本書では、以上のような認知症をめぐる世界的な大きな潮流をふまえて、認知症への取り組みにおける先進地であるスコットランドにおいて、筆者が3年ほど前に見聞したさまざまな事柄を紹介したい。

　一方、日本でも、認知症の本人たちの声に応えるべく、さまざまな地域で認知症にやさしいまちづくりへの取り組みが行われるようになってきた。筆者が住んでいる横須賀市もそのひとつである。

　こうした日本における認知症にやさしいまちづくりの取り組みを見て、また、そのあり方をスコットランドと比較しながら、本書ではさらに、現在の日本の急速な人

口減少にともなって生じてきているハード面の環境の重要性にも焦点を当てていきたい。

　認知症にやさしいまちづくりとは、認知症の人々が、自分の役割を果たし、余暇を楽しみ、暮らしていくにあたって、地域社会のメンバーとして正当に受け入れられ、サポートされていると感じられるような、（認知症の人たち自身が望んでいる）地域環境をつくっていこうという考え方であるが、もともとは日本が世界に先駆けて提唱した考え方である。この考え方はイギリスへと広がり、現在では世界に広がってきている。

　その背景には、認知症高齢者が世界的に急増しているという現実がある。認知症の人たちができるだけ地域で暮らし続けるということは、認知症の当事者の多くが望んでいることである。そして、認知症にやさしいまちづくりが行われていくことによって、認知症の人たちの生活の質を高めながら、財政支出を抑えていくことが期待されている。

　認知症への理解を持った人々を地域に養成していき、彼らをボランティアとして動員していくことができれば、認知症にやさしいまちづくりが進み、財政支出を抑えていくことができるだろう。

　このような日本の認知症対策の考え方とその動向には、世界が大きな関心を寄せている。たとえばイギリスの認知症対策とは、とりあえず日本を追いかけていくことなのだということを、筆者は昨年訪日したケンブリッジ大

11

学の若手研究者のサーデソン氏から聞いた。急増する認知症は、世界（とくに先進国）に共通する深刻な問題であるが、日本はその先頭にあって真っ先に取り組みを求められているのだ。認知症にやさしいまちづくりという日本の考え方が、どのように実現されていくのか、諸外国はその成否を見極めるべく熱い視線を注いでいる。

　認知症にやさしいまちづくりというと、本人や家族に対する地域の人々の理解や支援といったソフト面を中心に語られることが多い。しかしながら、とりわけ環境の影響を受けやすい認知症の人たちにとっては、ハード面の環境もまたきわめて重要である。

　認知症の人たちが安心して暮らしていくためには、できることならボランティアによる支援などが最小限で済むような、ハード面での環境整備が行われていることが望ましいだろう。こうしたことは、視覚障害者や車椅子利用者を考えてみれば、点字ブロックとかバリアフリー化といった施設整備がとても重要だということに思い当たるはずだ。

　ちなみに、認知症の人たちの生活の質を維持していくためには、社会とのつながりが重要であると言われている。しかし、その一方で、認知症を発症すると外出を控えがちになることも知られている。それはハード面の環境が大きく関係しているからだ。

　道が分かりにくく迷ってしまうおそれ、交通事故に遭う危険、あるいは途中で利用できるトイレがない、休憩

のためのベンチがない、といった理由によって外出を控えざるを得なければ、地域での生活がつらくなるだけでなく、社会的な交流が減り、日常活動が不活発になり、生活の質が大きく低下するとともに、症状が急速に進行していきかねない。地域での生活を維持していくためには、買い物などの日常的な外出を、安全に、そして快適に続けられるようにしていくためのハード面での環境づくりが重要なのだ。

　高齢者の外出を促し、社会とのつながりを助けるような環境は、認知症の予防にも効果的だ。また、地域のボランティアたちによって認知症の人たちを支援していくためにも、外出を促すための環境整備が望まれるだろう。

　しかしながら、日本の多くの地域では、中心地の商店街が衰退してしまい、歩行者のための環境が劣悪化しており、残念ながら認知症にやさしい環境にはなっていない。

　さらに、日本では近年、人口減少が急速に進行しているにもかかわらず、新たな集合住宅や住宅地の開発が野放しにされており、政府は規制対策をとろうとしていない。野放しの住宅投資は、空き家や空き地の無秩序な拡大を助長し、環境の劣悪化を招き、道路や上下水道ネットワークなどの都市基盤施設の不効率化とともに、多大な社会的損失をもたらしている。

　住宅は、一般の人々にとっての最大の買い物である。その住宅づくりのための多大な投資が、日本の将来を豊

かにするのに役立つのではなく、逆に日本の将来を貧しくしていくのであれば、日本のまちづくりには重大な欠陥があると言わざるを得ない。

　明らかに日本のまちづくりの現状は、認知症の人たちだけでなく、すべての日本国民にとっての危機的な局面にある。本書では、認知症にやさしいまちづくりを進めていくことが、すべての日本国民の豊かな将来のためのまちづくりになるということを提唱したい。

　空き家や空き地を減らし、活用していくためには、草の根の努力が求められるであろうが、認知症にやさしい地域づくりにも、ボランティアたちによる草の根の努力が期待されている。「認知症」と「まちづくり」という令和日本の課題は、同時に取り組むべきなのだ。

　本書の構成は、以下の通りである。

　まず、序章において、認知症について日本が抱えている問題が、いかに深刻であるかを提示する。日本は世界で最も高齢化が進んだ社会である。認知症発症リスクの最大の要因が加齢であることを考えると、認知症リスクが世界で最も高いこと、また、認知症が他のさまざまな病気と比べて、社会的なコストが最も高いことを示した上で、どのように立ち向かうべきなのかについて述べる。

　第1章では、認知症の人にとっては、環境がいかに重要であるかについて、やや詳しく解説する。トム・キッドウッドが提唱したパーソン・センタード・ケアという

（イギリスにおける、また、日本においても、認知症ケアの中心になっている）考え方を紹介する。また、ストレスの少ない環境の重要性や、認知症の人が戸外へ出ることの重要性、といったことに触れ、故エリザベス・バートンとリン・ミッチェルが行った（認知症の本人たちを研究協力者とした）認知症にやさしい近隣環境についての先駆的な研究を紹介する。

　第2章は、エリザベス・バートンとリン・ミッチェルの研究結果に照らして、スコットランドの小さな町がすでに認知症にやさしい町としてのハード面の条件をほとんど満たしていることを筆者が発見したことを述べた上で、スコットランドの町がどのようになっているかについての説明を行う。

　なお、スコットランドの多くの町の環境がすでに認知症にやさしくなっていることは、（スコットランドにおける認知症についての研究者や専門家たちが）それまで誰も気がついていなかった事柄であった。

　第3章は、認知症の本人として、当事者の会（ワーキンググループ）を世界で初めて立ち上げたジェームズ・マキロップさんの人物像についてのルポである。

　筆者はスコットランド滞在中、合計5回、マキロップさんにお会いすることになった。20年ほど前に、彼が認知症の診断を受けた後に、落ち込んでしまった彼を支えたブレンダ・ヴィンセントさんにも、マキロップさんと共に彼女のオフィスを訪ねた。また、現在のスコットラ

ンドの認知症政策づくりの鍵となる活動を行っている認知症の当事者たちによるワーキンググループの会合も見学させてもらった。この章では、マキロップさんを中心にしながら、筆者が気づいたイギリス（スコットランド）社会のあり方を見つめる。

第4章では、スコットランドの各地で行われている認知症にやさしい（主としてソフト面の）活動のいくつかを紹介する。こうした活動の多くは、自治体などの政府自らが行っているのではなく、さまざまな非政府組織が（補助金や寄付金などの資金を受けて）自主的に行っている。こうした非政府組織の日本との違いといったことにも触れる。

第5章は、筆者がスコットランドで見学した新しいケアホームの紹介とその解説である。本書は地域に住む認知症の人のためのまちづくりをテーマとしている。しかし、認知症が進んでいけば、ケアホームへの入居を選択する人々が出てくる。ケアホームにおいては、ケアのソフト面だけではなく、環境デザインとしてのハード面が非常に重要であることが知られている。スコットランドは、認知症にやさしいケアホームのデザインの研究においても、先進地である。

第6章では、ふたたび認知症にやさしいまちづくりを取り上げる。スコットランドの小さな町に見られるような、認知症にやさしいハード面の環境が、すべての人にやさしいまちづくりにつながることを述べるとともに、

認知症にやさしいまちづくりを進めるにあたって、日本が抱えている根本的な問題に触れていく。

　というのも、多くの日本の都市では無秩序な郊外化が進み、中心市街地が衰退し、空き家や空き地が広がり、生活環境が悪化し、（認知症の人たちだけでなく、すべての人たちにとっての）徒歩での生活が困難になっていくとともに、経済的な不効率が生じているからである。

　第7章では、日本において認知症にやさしいまちづくりのハード面の実現を阻んでいる、いくつかの気づかれにくい、根源的とも言える問題を取り上げる。そして、これらを直視し、立ち向かっていくことによって、日本の国土と都市環境を改善し、将来への投資の合理性を取り戻し、日本を再び活力に溢れた社会にしていくことを提起する。

　終章は、ソフト面とハード面における認知症にやさしいまちづくりについての総括であり、提言である。認知症のリスクが世界で最も高い国である日本は、同時に、人口の急激な減少局面を迎えており、都市環境が荒廃していくとともに、経済的な困難にも直面している。認知症にやさしいまちづくりを進めていくことが、こうした状況を打開する「鍵」になり得ることを提起したい。

序　　章
認知症リスクの最も高い国は日本？

1. 日本の人口ピラミッド

　国立社会保障・人口問題研究所のホームページをみると、1920年から2060年までの日本の人口ピラミッドの推移が、劇的な変化の姿として映像化されている。

　1920年における底辺が広く、典型的な三角形状であったピラミッドが、戦後の団塊の世代（および団塊 Jr. の世代）を境として、ピラミッドの膨らみが上方に移動（高齢化）していき、その後の出生数の顕著な落ち込みとともに、細長い逆三角形状の人口ピラミッドへと激しく変形（人口減少）していく様子が明瞭に示されている。日本の少子高齢化がいかに極端でショッキングなものであるかが、実感できる映像である。

　現在、団塊の世代が後期高齢者（75歳）に達する2025年問題をいかに乗り切るかが、日本に課された危機的な問題のひとつとして捉えられているが、その後においても日本の人口ピラミッドが逆三角形状になって推移する（つまり高齢者の中でもとくに年齢の高い人々の割合が高くなっていく）ことが、はっきりと予測されているのである。

　WHO 世界保健統計によれば、2015年の日本の平均寿命は男女を合わせると83.7歳で世界第1位（男性80.5歳で世界第6位、女性は86.8歳で第1位）である。

　日本は平均寿命が高いだけではなく、人口ピラミッドの形状からも明らかなように、人口に占める高齢者の割合が非常に高い。

　高齢社会白書平成28年度版によると、2015年の世界の高齢化率（全人口に占める65歳以上人口の比率）は先進地域が17.6％、開発途上地域が6.4％であり、世界的に見て先進地域の高齢化率は高いと言えるものの、日本の高齢化率は26.7％であり、この数字は世界で一番高い。

　ちなみに、日本の次に高齢化率が高かったのは、イタリアの22.4％、およびドイツの21.2％であるが、日本の高齢化率はこれらのヨーロッパの国々に比べて、差を拡大しつつ、ずっと高いまま推移することが推計されている。

　認知症の最大のリスク要因は加齢であるから、高齢者人口の割合が最も高いと同時に、平均寿命が世界の最高レベルにある日本は、認知症リスクが最も高い国のひとつであることは間違いない。

　そして、認知症リスクが世界で最も高く、経済的な先進国でもある日本が、現在、どのようにして認知症に取り組んでいるのか、そして今後、どのように取り組んでいくのかを見きわめるべく、世界は熱い視線を注いでいる。

2．認知症のほとんどは高齢者に発症する

　現在、認知症に関するさまざまな調査──中でも、そ

もそも認知症の人々が何人いるのかといった調査——が世界のさまざまな国々において進んでいる。たとえば認知症は、イギリスでは死因の第4位（ちなみにオーストラリアでは死因の第2位、アメリカでは死因の第6位）となっているのだが、日本ではそもそも認知症が死因になりうるとは、つい最近まではほとんど考えられていなかったようである。しかし、認知症は脳神経系を徐々に侵していく病であるから、進行していけば死に至るのは当然である。

　ちなみに厚生労働省が公表している最新の「人口動態統計」によって2015年の死因別死亡数割合を計算してみると、悪性新生物（癌）が28.9％で第1位、心疾患（高血圧性を除く）が15.5％で第2位、肺炎が9.4％で第3位、脳血管性疾患が9.0％で第4位、老衰が5.9％で第5位、不慮の事故が3.1％で第6位、腎不全が1.9％で第7位、自殺が1.9％で第8位、肝疾患が1.2％で第9位、糖尿病が1.1％で第10位といったところが主なもので、血管性（および詳細不明の）認知症は0.8％、アルツハイマー病についても0.8％を占めるにすぎないことが分かる。

　仮に認知症の診断体制がしっかりとできていないとすれば、死因を認知症だと特定すること自体が、そもそも困難であろう。現在、日本の認知症の人が400万人だの700万人だのと言われているが、この数字は特定の小さな地域人口についてのサンプル調査の結果を、全国の人口規模に拡大して概算しただけの結果にすぎないことを

知っておくべきであろう。

　ちなみにスコットランドでは、認知症の診断を受けた人数が男女別・地域別にしっかりと把握されており、2016年では、その合計は９万人を僅かに超えており、そのうち65歳以下の若年性認知症の人が約3200人を占めることが明らかにされている。

　３年ほど前のことであるが、著者が住んでいる横須賀市（人口約40万人）には、認知症の専門クリニックは３カ所しかないとのことであった。一方、同時期のスコットランドのエディンバラ市（人口約50万人）には、少なくとも100人程度の認知症の専門医がいるとのことであった。

　もちろん、専門クリニックの数と専門医の数とでは、比較しにくい。また、そうした部分的な情報だけによって、イギリスにおける認知症の診断や医療体制が日本に比べてはるかに充実しているとは言い切れないかもしれない。

　ところで、スターリング大学認知症サービス開発センター前所長のジューン・アンドリューズ教授によって書かれた最近の本（"Dementia : The One-Stop Guide"【＊３】）によると、早期診断の重要性についての政府による数年越しのキャンペーンにもかかわらず、イギリスでも地域によっては20％しか早期診断を受けていないところがあるとのことである。認知症についてはおそらくはまだ分からないことや知られていないこと、さらには

誤解や偏見も、多く残っているのであろう。

3．認知症はすべての病気の中で 一番コストが高い

　スウェーデンのカロリンスカ研究所のウィモ教授らは、2010年における世界全体の認知症のコストが6040億USドルに達していると報告している。ちなみに、彼らの報告が学会誌に発表された2013年には、ロンドンでG8認知症サミットが開催されている。人々が長生きするようになった現在、認知症がもたらしている社会的コストには、世界の国々が多大な関心を払わざるを得ない状況になっている。

　なお、社会的コストとは、政府や企業、非政府機関、本人や家族、地域の人々など、社会のあらゆる立場でのすべての負担を合計したコスト（ただし、重複分は除く）という意味である。

　ウィモ教授はさらに2016年にブダペストで行われた国際アルツハイマー病の国際大会において、2015年の世界全体の認知症の社会的コストが8179億USドルに達していることを報告している。さまざまな国々での研究が深まったこともあって、5年間の間に35％余りも増加したという勘定になる。

　この内訳は、医療費の直接コストが1592億ドル（全体

の19.5％）、介護費などの社会部門の直接コストが3279億ドル（同、40.1％）、家族などが無償で行っている介護などのインフォーマル・ケア・コストが3308億ドル（同、40.4％）となっている。

　なお、インフォーマル・ケアについては、その算定には不確かさがあり、また、金額への換算にあたっても不確かさが存在しているから、しっかりとした根拠がある数字ではなく、一応の目安的な金額の推定に過ぎないことに注意が必要だろう。

　日本においては、厚労省の委託を受けた慶応大学医学部の佐渡充洋助教らが認知症のコスト推計を行っている。それによると、2014年における日本の認知症の社会的費用の総額は約14兆5140億円に達しており、その内訳は医療費が１兆9114億円（全体の13.2％）、介護費（施設介護＋在宅介護）が６兆4441.5億円（全体の44.4％）、インフォーマル・ケア・コストが６兆1584億円（全体の42.2％）となっている。

　ここで比較のために癌の社会的なコストについて述べておくと、国立保健医療科学院の福田敬研究官らによる2000年頃のデータに基づく推計では、医療費（直接費用）が約2.5兆円、労働損失（間接費用）が７兆円（うち、死亡によるもの6.5兆円、入院・外来によるもの0.5兆円）で、年間の合計が9.5兆円であるから、認知症の社会的なコストは癌と比べても1.5倍ほども大きいことが分かる。

これら２つの病気の推計コストの比較にあたって注意しておくべきなのは、認知症は長期にわたる病気であることから、直接費用には医療費だけではなく、介護費が含まれていることであり、さらに介護家族等が無償で負担しているインフォーマル・ケア・コストが加わっていることである。

　医療費だけを比べれば、長期にわたる病気であるにもかかわらず、認知症の方が安い。一方、癌については、介護費やインフォーマル・ケア・コストは些細なものなので無視しており、その代わりに多額の労働損失が間接費用として計上されている。

　実は、認知症についても、とくに若年性認知症については大きな労働損失（間接費用）が生じているはずであるが、ほとんどの認知症が引退後の高齢期になって発症することから、ウィモ教授らや佐渡助教らは、労働損失（間接費用）を認知症の社会的コストとして計上していない。

　また、認知症については介護離職といった家族介護者などに生じている労働損失（これはインフォーマル・ケア・コストに含まれる）があるはずであるが、佐渡助教らは、機会費用ではなく、代替費用によってインフォーマル・ケア・コストを推計しているので、日本の推計はやや低めの数字になっている可能性があるだろう。

　しかしながら総じて言えることは、長寿社会となっている先進諸国ではどこでも、認知症の社会的なコストは

すべての病気の中で一番高いだけでなく、さらに今後の急速な増大が予想されているということだ。そして、この理由は病気が長期間にわたるために医療費が積み上がってしまうことによるのではなく、長期にわたる介護（や見守りなど）に要する費用（インフォーマル・ケア・コストを含む）が莫大にならざるを得ないからなのである。

　なお、医療費よりも介護費の方がずっと大きいということは、認知症においては病気の進行に応じた医療と介護サービス（さらに、その他の福祉サービス）の連携といったものが、非常に重要になることをも示唆している。

4．認知症にかかる社会的コストは 節約できるのか？

　ここで問題になるのは、（認知症の人や家族のしばしば悲惨になりがちな生活状況を改善しながら）いかにすれば認知症のコストを減らせるか、ということであろう。とりわけ日本は、認知症のリスクが最も高い超高齢社会であるだけに、この問題は深刻だ。

　この問題を考えるにあたっては、認知症の社会的コストの要因を分析している27の研究文献をシステマティックにレヴューしたシャラーらの研究（Schaller ほか、2015年）がヒントを与えてくれる。このレヴューでは、地域において自宅で暮らす場合の１人当たりの年間の社

会的コストを、MMSE（ミニメンタルステート検査）によって、病気の進行段階に分けて推計している論文を紹介している。

　なお、MMSEは30点満点の11項目からなる認知症の診断用の質問セットであり、国際的に最もよく使用されているものである。軽度（MMSEが概ね20以上）の認知症では1人当たりの社会的コストの（8論文の）平均は2万2113USドルだが、中度（MMSEが概ね10〜20）の認知症では（7論文の）平均は4万2930USドル、重度（MMSEが概ね10以下）の認知症では（6論文の）平均が5万1659USドルへと増加している。

　一方、施設に入所している場合の社会的コストの（4論文の）平均は3万9897USドルであるから、認知症が軽度であれば、地域において自宅に暮らす場合の社会的コストが安いことが分かる。しかし、中度〜重度になれば、地域において自宅に暮らし続けることは、財政負担としては節約になるとしても、社会全体の立場からみるならば、施設入居に比べてかなり高くつくことが示されている。このことには、注意が必要であろう。

　現在、日本だけでなく、多くの先進諸国が国家戦略として「認知症にやさしいコミュニティづくり」に取り組んでいるが、これには認知症の人を施設に入居させることなく、できるだけ長く地域で生活し続けてもらえば、認知症の人の「生活の質」を高めることにつながるだけでなく、財政の悪化をくい止めることにもつながるだろ

うとの思惑があることは否定できないであろう。

　しかし、認知症の人や介護家族にとっての暮らしやすい地域づくりを進めていくことは、軽度〜中度の認知症の人や介護家族にとっては適切な施策になるであろうが、中度〜重度の認知症については、施設ケアの代わりにはなりにくい（したがって、認知症の施設ケアの改善もまた必要である）ことを認識しておくべきであろう。

　しかしながら「認知症にやさしい」地域で暮らすことができれば、軽度〜中度の認知症の人の「生活の質」は大きく高まることになるだろう。そして「生活の質」が高まれば、中度〜重度へと重症化していくことを遅らせることができる。つまり、認知症にやさしい地域であれば、施設に入居することなく自宅で暮らし続けられる可能性が高まることが期待できるわけだ。

　そのような地域づくりが行われていけば、認知症にかかる施設ケアのコストが節約できるだけでなく、現在、介護家族に負担のしわ寄せとなっている（精神的な負荷を含めた）過重なインフォーマル・ケア・コストも相当に軽減していける、あるいは上手に分かち合っていける可能性があるのだ。

5．認知症の人にとっての「生活の質」とは何であろうか？

　前述したように、社会的コストを考えるならば、認知

症が中度～重度へと重症化したときには、（介護保険や税金などの）負担が増加するとしても、施設に入居した方が社会的には安いということになる。

　しかし、こうした議論は施設と在宅の社会的コストを比較しただけのものであり、認知症の人の「生活の質」を考えているのではないことに注意が必要である。

　もし、中度～重度の認知症の人にとっても在宅の方が生活の質が高まるのであれば、あるいは中度～重度の認知症の本人が地域で暮らし続けることを希望するのであれば、できるだけ本人の望みを叶えていくべきであろうといった議論があり得るからである。

　近年、認知症の人の「生活の質」の理解にあたっては、医者や介護職や介護している家族などの考え方や意見によるのではなく、認知症の本人の考え方や意見や希望を何よりも優先すべきだ、という考え方になってきている。そして、認知症の人の「生活の質」を反映した政策づくりにあたっても、認知症の本人たちの意向が何よりも重視されるべきだと考えられている。

　たとえば、（家族などの）介護者にとっては、外出して迷子になってしまうことがないように、できるかぎり家に縛り付けておけば面倒が減るのであるが、本人たちにとって外出したいときに外出できることは、まさに自己の尊厳に関わる問題である。

　ちなみに、OECD のレポート（Addressing Dementia, 2015）に引用されているドレエスらの研究によると、認

知症の本人たちが「生活の質」としてとくに重視していることとして、次の4つが示されている。

◇社会的な関わり
　周りの人とのつながりを維持する
　話しかける人がいる
　気持ちを伝えることができ、楽しさを周りの人と共有する
　社会的活動や余暇活動に参加できる

◇快適さと安全
　快適で安全だと感じられる環境で暮らす
　お金の面での安全

◇健康
　できるだけ体の健康が保たれること

◇尊厳と自立、自分でいられるという感覚
　自立して、自分で選択してコントロールできること
　信念や信仰など、自分だという感覚が維持できること
　認知症への偏見に遭わないでいられること

　これらの認知症の本人たちが重視している「生活の質」を考えると、施設に入所せずに、地域で暮らし続け

られるのであれば、その方が良さそうなことが分かる。また、認知症の人が地域で暮らし続けるためには、地域の一般の人たちが上記の４項目の重要性を理解し、それを助けていくことが必要であることも分かる。

　つまり、認知症の人が自宅で暮らし続け、しかも家に縛り付けられることなく、いつでも自由に外出できるような「まちづくり」を行っていくことの重要性が分かるのである。

　しかし、前述したように、地域において認知症の人が自宅に住み続けることは、（とくに病状が中期から末期へと進んでいけば）家族介護者などへの精神的な負荷を含めた多大なインフォーマル・ケア・コストの負担を生じてしまうことにもなりかねない。

　したがって、社会的立場に立つならば、認知症にやさしいコミュニティづくりを進め、地域やコミュニティの力を動員することによって、いかにして家族介護者などが負担しているインフォーマル・ケア・コストを軽減していけるのか、そして同時に、社会的コストの全体を圧縮していけるのかといったことが、検討すべき課題になるであろう。

6．日本における認知症への取り組み；オレンジプランと新オレンジプラン

　厚生労働省は、関連諸府省庁と共同して、2015年に

「認知症施策推進総合戦略〜認知症高齢者等にやさしい地域づくりに向けて〜」（新オレンジプラン）を策定している。

　この新オレンジプランは、2013年〜2017年までの認知症施策推進5カ年計画（オレンジプラン）」を継承したものである。オレンジプランの「オレンジ」とは、2005年からの「認知症を知り地域をつくる10カ年」において「一人でも多くの地域住民が認知症を正しく理解し、各々ができることをできる形で支援していくような『まち』をつくることが急がれる」と謳ったことを受け、認知症サポーターの養成が行われるようになり、養成講座の終了後に受講者に渡される「オレンジ色」の腕輪にちなんでいるようだ。

　ちなみに、日本における「認知症にやさしいまちづくり」の原点とも言える2005年は、それまで使われていた「痴呆」という言葉が「認知症」に改正された年でもあった。

　ところで、2005年に日本で始まった認知症サポーターの養成は、イングランドでは2012年から、スコットランドでは2014年から、認知症フレンズ（Dementia Friends）と名前を変えて実施されている。

　日本は認知症政策において、早くから「地域づくり」に着目していた先進国なのである。しかし、のちに述べるように、スコットランドの認知症フレンズは、日本の認知症サポーターとやや違う点があり、逆にスコットラ

ンドから学ぶこともありそうである。

　認知症はすべての長寿社会が直面している複雑な課題である。こうした課題に対処していくためには、さまざまな国や地域における経験や知恵を共有していくことが必要なのだと思われてならない。

　さて、2013年〜2017年のオレンジプランは、

①標準的な認知症ケアパスの作成・普及

②早期診断・早期対応

③地域での生活を支える医療サービスの構築

④地域での生活を支える介護サービスの構築

⑤地域での日常生活・家族の支援の強化

⑥若年性認知症施策の強化

⑦医療・介護サービスをになう人材の育成

　この７つの施策から成っていたが、新オレンジプランにおいては、

①認知症への理解を深めるための普及・啓発の推進

②認知症の容態に応じた適時・適切な医療・介護等の提供

③若年性認知症施策の強化

④認知症の人の介護者への支援

⑤認知症を含む高齢者にやさしい地域づくり

⑥認知症の予防法、診断法、治療法、リハビリテーションモデル、介護モデル等の研究開発およびその成果の普及の推進

⑦認知症の人やその家族の視点の重視

の7つの施策へと進化している。どちらも7つの施策
ではあるが、新オレンジプランにおける5番目の施策で
ある「認知症を含む高齢者にやさしい地域づくり」は、
医療・介護分野にとどまらず、関連府省庁とも共同した
取り組みとなっている。また7番目の「認知症の人や家
族の視点の重視」は、①～⑥の各施策に横断的に適用さ
れるものとなっている。

　これら2つの施策は、新オレンジプランの中で新たに
登場した施策であり、とくに注目されるべきだと言える
であろう。そして、この2つの施策については、とくに
スコットランドを参考にできることがあるのではないか
と筆者は感じている。

7. 認知症にやさしいまちづくりを　　どのように行っていくのか？

　本書のテーマは「認知症にやさしいまちづくり」であ
る。認知症は高齢化とともに発症率が高まることが明ら
かであるから、このための対策や取り組みがすでに待っ
たなしの状態にあることは明らかであろう。しかし、日
本の将来の人口ピラミッドの姿もすでに明らかなのであ
るから、こうした人口減少社会に対応した長期的な視点
を持つことも同時に求められている。

　つまり、認知症高齢者の急速な増加に、素早く対応し、
社会変革のスピードを最大限に加速していくことが必要

だ。そして同時に、人口が急速に減少していくという局面にある日本の長期的なまちづくりの将来に向けての地道な取り組みもまた欠かせないはずである。

スコットランドは、日本全国に比べればごく小さな人口規模の地域である。また、日本のような将来の人口ピラミッドについての深刻な問題を抱えているわけでもない。しかし、この地域で行われてきている認知症への取り組みには、現在の日本が学ぶべき（あるいは参考にすべき）多くの事柄が含まれていたように著者は感じている。

というのも、日本では、アルツハイマー病をはじめとする認知症の原因疾患についての医学的な解説とか、認知症にならないための予防的な生活習慣のあり方とか、認知症になってしまった親や配偶者を介護する立場になった人たちに向けた（認知症の人たちの行動を理解し、上手に対応するための）アドバイス的な知識といったものはかなり普及してきているものの、認知症の本人にとっての助けになる（あるいは気持ちを楽にするような）知識や取り組みは、残念ながらスコットランドに比べると未だに弱いように感じられるからである。

この本では、スコットランドにおいて認知症の本人（および当然ながら、本人を愛している家族や友人）に対して行われていた取り組み（さらには、本人自身による取り組み）などを紹介した上で、現在の日本（とくに、筆者が住んでいる横須賀市）の状況を鑑みつつ、「認知

症にやさしいまちづくり」におけるソフト面だけでなく、ハード面の環境づくり（＝認知症の人を含め、すべての人にやさしい都市デザイン）についても考えていきたい。

コラム：認知症の人が攻撃的になる隠れた理由？

　スコットランド北部の小さな町ヘルムスデールで、認知症にやさしいコミュニティづくりに取り組んでいるアン・パスコーさんの旦那さんのアンドリューさんは、10年前に脳卒中で右半身が麻痺するとともに、認知症と判断された。（なお、われわれが見学したヘルムスデールにおける活動については、第4章で紹介する）

　アンドリューさんは、われわれ夫妻もお会いしたのだが、とても穏やかな落ち着いた方だった。アン・パスコーさんは、認知症になった夫はきっと忘れっぽくなり、さまざまな世話を必要とするようになるとは予期していたものの、突然に怒りを爆発させるようになるとは思いもかけなかったそうだ。

　アンドリューさんは元海軍エンジニアであり、引退を機にヘルムスデールの近くの小村のポートゴーワーに移り住み、夫婦2人で庭づくりを楽しんでいたが、そんな穏やかな生活が突如崩れてしまったのである。認知症の診断を受けた後、彼は時折ひどく興奮するようになり、

理由もなく物を放り投げたりしたそうである。また、庭から戻ってくると突然「もう何もしないぞ！」と怒鳴り散らし、荒っぽくドアを閉めて、そのまま２階に上がって行くこともあったそうだ。

　アンさんは、夫の変貌ぶりにひどく驚いたものの、こうしたことも認知症の症状のひとつであるに違いないと思い、できるだけ刺激しないようにと心がけていたのだが、そうした我慢が次第につらいものになっていったという。

　そんなある日、怒りの爆発以上のことが起こってしまった。できるだけ自立した生活を維持しようとしていたアンドリューさんが、村のバス停にいた時に意識を失ってしまったのだ。救急車が呼ばれ、彼が持っていた札入れからアンさんのメモが見つかり、彼女が電話で呼ばれた。医者は、

「アンドリューさんはひどく混乱している。痛いと言っているようだがよくは分からない」などと彼女に話したそうだ。

　実は、アンドリューさんは２年ほど前に左脚の神経痛の診断を受けており、さまざまな痛み止めの薬を試していたが、どれも効かないなどと言っていた。アンさんは、その時初めて、彼が果たして痛み止めの薬を飲んでいたのか、ということに思い至ったそうだ。彼は折々に痛みのことを言っていたものの、彼女はさほど気に留めていなかったのである。

　医者はアンさんに、夫の痛みについて２週間にわたって日記を付けるように、そして、痛みの大きさを10点満点として１点から10点までのどの段階かを、一日のさまざまな時間に記入するようにと提案した。痛みの段階は、たとえば座っているときは２点で、庭を歩いているときは９点にもなったということだ。

　この日記を分析した医者は、アンドリューさんの痛みが重篤で、長時間にわたっていることを理解し、痛みの信号の脳への神経伝達を阻害する薬（Gabapentin）を処方した。アンさんは、薬の飲み忘れがないようにと鵜の目鷹の目で気を配った結果、アンドリューさんの攻撃的な衝動はピタッと止まったそうである。

　彼の興奮した行動は、認知症によるのではなく、痛みのためであり、自分の痛みをうまく伝えられなかったことが分かったのだ。アンドリューさんは、あまりの痛さのために、自分の痛みのレベルとか、さまざまな日常のことを伝える言葉がうまく出てこないだけだったのだ。

　こうしたエピソードは、認知症の人の行動に新たな理解をもたらす。そして、認知症の人と介護者家族の生活を改善していくのに役立つ。というのも、認知症の症状のひとつとされる興奮や攻撃性、引き籠もり、常に注意を惹きたがる行動などは、痛みの治療がなされていないことに本当の理由があるという研究知見が増えてきているからだ。

　事実、こうした症状が生じる最大の原因は痛みであり、

言葉がうまく出てこないのも、痛みに原因があるという最近の研究がある。また、痛みに原因があるのに、対症療法としての精神安定剤が処方されてしまうこともよくあるようである。

　認知症によって痛みが生じることはない。しかし、高齢者は痛みの感覚が鈍っているだけでなく、うまく言葉で伝えられないことも多い。かつては認知症の人は痛みを感じないと信じられていた時代もあったが、今では普通の人と全く同じように痛みを感じることが分かっている。しかし、自分の痛みをうまく伝えられないことがあるのだ。

　参 考：Pain Behind Dementia Patients' Rages - Alzheimer's and Dementia ウェブサイト

第　1　章
認知症にはなぜ環境が重要なのか

1. 認知症についての考え方が
変わってきた

　急速な高齢化にともなって認知症の人々が激増していることが、大きな社会問題となっている。

　認知症の最大の原因疾患とされているアルツハイマー病などについては、対症的な効果が認められている薬がいくつか登場しているだけであり、まだ発症原因がはっきりとは解明されておらず、医学的な治療はもとより、病気の進行を遅らせる処方薬もなければ、予防薬などもまだつくられてはいない。

　なお、脳梗塞や糖尿病に対して処方されている既存薬が、アルツハイマー病の進行や発症をくい止めるのにかなり有効だという最近の知見についての番組が、2014年1月にNHK・BSのシリーズ医療革命「認知症をくい止めろ」において放映されており、これをご覧になった読者もおられるかもしれない。

　また、アメリカのデール・ブレデセン博士による"The End of Alzheimer's"【＊4】（邦訳名『アルツハイマー病　真実と終焉』【＊5】）という本に紹介されている認知症の治療法（リコード法）には、現在、多大な関心が寄せられているようだ。しかし、これらの認知症治療や予防の効果はまだ実証試験がされていない段階だ。

　つまり、現在の医療モデルによれば、アルツハイマー

病やレビー小体型などの認知症は、ひとたび発症してしまうと元に戻すことは不可能であるばかりか、通常の老化に比べると一般にかなり速い速度で確実に進行していき、やがて植物状態を経て死に至るというのが一般的な考え方なのである。

　したがって、できるだけ早く診断を受けて、もしアルツハイマー病などを発症しているのであれば、対症薬をできるだけ早くから飲み始めるというのが、ほぼ唯一の対処法ということになる。

　しかし、確実に進行し、やがて植物状態へ至るという医療モデルの考え方は、必ずしも正しくはない。むしろ間違ってさえいる。

　このことを以前から示唆していたのは、イギリスの臨床心理学者のトム・キットウッド（Tom Kitwood）による、1997年に出版された『認知症を考え直す（"Dementia Reconsidered"【＊6】)』（邦訳名『認知症のパーソンセンタードケア』【＊7】）という本である。キットウッドは、それまでの認知症の人を一人の人間として見ないようなケアのあり方に挑戦し、一人一人の認知症の当事者の立場を中心に据えた研究プロジェクトや研修コースを立ち上げた先駆者である。

　彼は、人の心理的な経験は、脳の活動の結果であるとか、その逆に原因であるとかではなく、脳の活動そのものが心理的経験なのであると述べている。その上で、心理的経験（＝脳の活動）というものは、脳の発達の上に

展開されるという。脳の発達とは、脳内の神経細胞に常にシナプスがつくられ、あたらしい神経回路が形成されることによって記憶や学習が行われるということを指している。

しかしながら、とくに認知症の人にあっては、脳の発達と並行して、脳内の神経細胞やシナプスの結合が（通常の老化に比べて）急速に失われていくといった病理現象が加わっているわけである。

なお、こうした病理の有無は、昔は死後の解剖によって診断できるだけであったが、最近ではMRIやCT、またSPECTやPETなどの画像診断検査によって、脳の萎縮（神経細胞の減少）がどの部分で進んでいるか、また血流や代謝の変化が脳内のどこで生じているかといったことがモニターできるようになり、早期の診断に役立てられるようになっている。

しかし、脳の萎縮がそのまま認知症の発症原因というわけではないようである。というのも、神経回路が十分に発達した脳にあっては、脳の萎縮を補うだけの余地があるということが知られているからだ。

このことを興味深く語っている本にデヴィッド・スノウドン著『優雅に老いる（"Aging with Grace"【＊8】）』（邦訳名『100歳の美しい脳』【＊9】）がある。スノウドンは、修道女たち（修道会入会以後についての一生の履歴が分かっている人たち）を研究することによって、死後の解剖ではそれほど萎縮していなかった脳であ

っても、認知症を発症していた人もいれば、その逆に脳は萎縮していても高い認知機能を維持していた人がいることを見いだしたのである。

そして、修道女全員の入会にあたっての決意を書いた文章が修道会には保存されていたのだが、高い認知機能を維持してきた修道女の文章は、高度な言語能力を示すものであったというのである。つまり、神経回路を発達させた脳には、萎縮（神経細胞の減少）を補うだけの余地があったというのだ。

ここでは、この本の内容を詳しく紹介することはできないが、脳の萎縮をMRIの画像によってモニターするといった医学的な情報だけでは、認知症へ正しく対応することが困難であることを示しているように思う。

というのも、普通のMRI画像では、神経細胞のシナプスがどのように形成されているかといった神経回路についての情報までは捉えられないからである。

2．パーソン・センタード・ケアについて

もう一度、キットウッドの話に戻りたい。彼はパーソン・センタード・ケアという考え方を打ち出し、認知症ケアについての考え方に根本的な変革をもたらしたのだが、今や、彼が提唱したパーソン・センタード・ケアという考え方こそが、認知症に立ち向かっていく際の、国際的に共通した理解になっているからだ。たとえば、

①昔の考え方では、認知症は、神経中枢を冒していくことにより、人格を徐々に破壊していくと理解されていたが、今では、認知機能に障害をもたらす病気のひとつだと捉えられ、障害が本人に与える影響においては「ケアの質」が決定的に重要だと考えられている。

②昔の考え方では、認知症についての信頼できる正しい知識を持っているのは医師や脳科学者なので、彼らの指示に従うべきだとされていたが、今は、認知症についての信頼すべき正しい知識を持っているのは、技能や洞察力を持ったケアの実務家（そして近年ではとりわけ認知症の本人）であるとされている。

③昔の考え方では、医療に革命的な進展がない限り、認知症についてできることはあまりないので、さらなる生理医学研究の進展が緊急に求められるとされていた。しかし、今では、理解やスキルを向上させることなど、現時点でもできることが非常に多くあり、これこそが緊急を要する研究課題だとされている。

④昔の考え方では、ケアとは環境を安全に保ち、食事・着替え・排泄・清潔さ・十分な睡眠などの基本的ニーズを満たすための身体的な介護のことであったが、今では、その人の生き方を維持し高めることが中心となった。安全性や基本的ニーズもまた不可欠ではあるものの、ケアの全体からみれば一部を占めるにすぎない。

⑤昔の考え方では、認知機能のどの部分が損傷されているかといったことについての正しい理解が重要であり、

機能低下がどの段階にあるかを図式で表示したりしていたが、今では、本人の能力・嗜好(しこう)・興味・価値観・宗教観などを、はっきりと正しく理解することが重要だとされている。認知症の人がさまざまであれば、そこに現れる症状もさまざまなのだ。

⑥昔の考え方であれば、問題行動があれば、素早く上手に対処することが求められたが、今は、問題行動と呼ばれるような行動の裏には何かニーズがあるのであり、それを伝えようとしていると捉えられるべきとされている。したがって、伝えようとしているメッセージの理解に努め、満たされていないニーズに対応することが重要だとされている。

⑦昔の考え方であれば、ケアの現場で重要なことは、自分の気になっていることや、自分の気持ち、自分の傷つきやすさといったことには目をつぶり、賢く効率的に職務をこなすことであったが、今では、自分の気になっていることや、自分の気持ち、自分の傷つきやすさなどといったことから目をそらすことなく、それらの感情に向き合うことによって、ケアの仕事をしていく上でのプラスの財産にしていくことこそが重要だとされている。

　このように、キッドウッドが提唱したパーソン・センタード・ケアという認知症ケアの考え方は、それまでのケアの文化を180度転換させていく革命的なものであったのだが、彼の考え方の基礎にあるのは、脳の神経細胞

が常に新たなシナプスをつくり、神経回路を発達させているという事実である。

認知症の人の脳の神経細胞は、通常の老化よりも速く失われていくものの、残された神経細胞に新たなシナプスがつくられていけば、神経回路の再生をもたらし、認知症の進行を食い止め、改善も期待できるわけである。

ちなみに、前述したブレデセン博士が提唱している新たなアルツハイマー病の治療法（リコード法＝アミロイドβの蓄積をもたらしている炎症や栄養不足また毒素の摂取といった原因を検査し、治療目標値を設定する）においても、その理論的な基礎は脳の神経回路が常に発達しているという事実に置かれていることは指摘しておくべきであろう。

3．ストレスの少ない環境の重要性

逆に言えば、昔のような考え方によって「人の気持ち」を無視したようなケアを受けるということは、認知症の人にとって大きな心のストレスになることを意味する。

中には命にも関わりかねない「キラーストレス」と呼ばれるほどのストレスがあり、その危険やメカニズム、また対処法などについては、テレビなどでも紹介されていたから、ご存じの読者もおられるであろう。また、前述したブレデセン博士の本にも、「ストレスの驚くべき

影響」についての言及がある。

　ストレスは脳の働きや神経回路の再生に関連するだけでなく、ストレスが強ければ癌や心臓病などを招きかねないわけだから、認知症の人にとっては、ストレスの少ない環境がとりわけ重要だということになる。

　たとえば、病院などの施設では、ベッドから落ちないように手摺りがつけられ、認知症が疑われる高齢者などには拘束用の手袋をはめ、ベッドの手摺りに縛り付けてしまうという身体抑制が行われることがある。このように身体の自由を奪ってしまうことは、とくに（自分がなぜそのような扱いを受けるのかが理解できない）認知症の人に、著しいストレスを与えることになる。

　ストレスを受けると分泌されるストレス・ホルモンは、脳の海馬がその制御に関わっていることが知られている。しかし、海馬が萎縮したアルツハイマー病の人はストレス・ホルモンが減少しにくくなり、脳の興奮状態が続きがちになる。認知症の人は、こうしたストレス環境から逃れようとして、病院スタッフに抵抗したり、攻撃的な言辞や行動をとることになりがちになるようである。

　こうした患者には、精神安定剤が投与されることがしばしばある。精神安定剤が投与されると、ボーっとした状態になることからも分かるように、脳の活動が抑えられ、脳があまり使われなくなってしまう。脳が使われなければ神経回路が失われていき、認知症状を進行させるとともに、廃用症候群に追い込まれてしまう。

つまり、病院への入院には、認知症の人が症状を急激に進行させてしまうという大きな危険を孕んでいるのである。序章で紹介したジューン・アンドリューズ教授の本には、救急病院などへの入院が認知症の人にとって非常に危険であり、できれば避けるべきであることについて、一章を割いて述べているほどである。

　病院スタッフの多くが慌ただしくしており、認知症についての理解を欠いていることに加え、入院によって生活環境が大きく変化してしまうことが、多大なストレスになることは、容易に想像できるだろう。入院中に自分のベッドが別の部屋に移動するといったことは珍しくないが、こうした突然の環境変化の繰り返しが、認知症の人には致命的なストレスになりかねないのだ。

　しかし、認知症の人はほかの病気を併発したり、転倒などの事故に遭う危険が高く、病院への入院の可能性が高いことが知られている。イギリスでは救急病床の４分の１が認知症の患者で占められているそうだ。

　認知症の人にやさしい生活環境をつくっていっても、入院そのものを大きく減らすことは困難だろう。そうであれば病院の環境を、認知症の患者にやさしいものにしていくことも、令和日本の課題であろう。

　ちなみに、スターリング大学認知症サービス開発センターでは、一般病院や救急部門を認知症にやさしいデザインの環境にしていくことについての取り組みも行っていた。

4．認知症の診断後のサポート

　ところで「認知症」の診断を受けると、その診断が烙
印のように感じられ、本人や家族にとっての大きなスト
レスになってしまうことを考えねばならない。

　認知症の早期診断は、対症薬を早くから飲み始められ
るというメリットや、まだ症状が軽い間に、本人や家族
に今後についての十分な準備時間を与えるというメリッ
トもあるはずである。早期診断によって、軽度認知障害
であることが分かれば、認知症予防の習慣を生活に取り
入れることもできよう。（さらには、今後、前述したリ
コード法などの治療法の有効性が実証されていくならば、
早期にアルツハイマー病だと診断されれば、治療の開始
がそれだけ早まり、回復の可能性が期待できるのかもし
れない）

　しかしながら、診断後に定期的に医者を訪ね、対症薬
を処方してもらうだけで、本人や家族に対するサポート
がないままに放置されるのであれば、早期に診断を受け
ても、適切に対応していくのは難しいだろうし、ストレ
スだけを溜め込むことになりかねない。

　認知症は、回復することなく徐々に進行していくとさ
れているから、本人も家族も将来に不安を抱えたまま、
社会から孤立していくことになる。「認知症」という烙
印がストレスとなって、鬱々とした毎日を過ごすことに

51

なれば、症状は急速に進行していくことになる。

　また、孤立した中で自分のストレスを家族に向けていけば、家族にとって一層つらい生活となるばかりか、認知症の症状をさらに進めてしまうことにもなる。

　世界で初めて「認知症本人の会」を立ち上げたジェームズ・マキロップさんについても、診断後はそのような状態であったという。

　状況を変えたのは、診断後に彼をサポートしたブレンダ・ヴィンセントさんの存在であった。なお、われわれは彼らに会ったのであるが、このことについては、後の章において、さらに詳しく語ることにしたい。

　スコットランドでは、認知症の本人たちの声を反映して、診断後の１年間、認知症の人と家族を１対１でサポートするサービスが2015年に始まっている。このサービスのために派遣される人をリンクワーカー（linkworker）と呼んでいる。診断後の１年間、行政サービスやさまざまなチャリティー団体などにつなぐ（link する）役割の人ということであろう。

　１年だけというのは、認知症が長期にわたる病気であることを考えると、実はかなり短い期間であり、ようやく認知症診断後のショックから立ち直れる時には、１年間が過ぎていることが決して珍しくはないのだが、それでもリンクワーカーという支援者が存在していることは、スコットランドが認知症の先進地域であることを示して

いるように思う。

　残念ながら、日本にはまだこうしたサービスが確立していない。厚生労働省は、認知症初期集中支援チームという構想を実現しようとしているが、実効に至るにはまだ長い時間を要するだろう。

　ちなみに、筆者が住んでいる横須賀市（人口約40万人）において、認知症を専門に担当する市の職員はごく少数であり、当然の結果として支援チームは市役所内の１カ所にしか存在していないし、認知症の診断を受けた人々の人数などすら把握されていない。（若年性認知症を担当する県の専門職員としては、横須賀市を含む県内広域を対象として、１人が配置されているのみである）

　したがって、たとえば市内に独居している糖尿病患者が認知症になり、インシュリン注射を自己管理できなくなるといった深刻な事態が生じても、認知症初期支援チームなどが支援にあたってくれることはないということであった。

　日本には、地域包括支援センターという介護保険制度に基づく仕組みがあるものの、介護保険の対象者として認定されないと（公的な）サービスが何も受けられないといった、制度上の問題もある。

　そこで日本の各地では、公的なサービスを受けられない認知症の人や家族のためのボランティア組織がつくられてきており、こうしたボランティアを巻き込んで、地域包括ケアの重要な柱に育てていくべく、自治体が盛ん

に広報活動を行い始めている。しかし、日本のボランティアたちには財政的な支援がほとんどなく、まだまだ弱いのが実情だ。

一方、スコットランドでは、多くのチャリティー団体が行政からの資金援助を受けて活動しており、こうしたチャリティー団体やボランティア団体で活動している人たちは、互いに手を伸ばし合って協力しているように見受けられた。

チャリティー団体やボランティア団体は、自治体などの行政組織に比べると規則の縛りから自由であり、部署を定期異動するといったこともないため、誰が何を得意にしているのかといったことが互いに分かっていて、ごく自然に手を伸ばしていくことにつながっているように思われた。

ちなみに、スコットランドにおいてリンクワーカーを派遣しているのは、自治体やNHS（国の医療サービス機関）などの政府機関ではなく、認知症についての最大のチャリティー団体である「アルツハイマー・スコットランド」であった。

2017年4月末に日本の京都で行われた国際アルツハイマー病協会国際会議でも、さまざまな団体などが対等の立場で手を伸ばし合い、協力していくことの重要性を訴えていた。認知症への取り組みにおいては、さまざまな人たちの協力が欠かせないから、特定の職種や立場の人たちが、他の人たちを見下して横柄な態度をとるような

ことは、決してあってはならないと強調していたことを
付言しておきたい。

　今後の日本の厳しい財政の中で、認知症の人や家族を
地域でサポートしていくためには、介護保険サービスや
行政サービスによって対処するだけではなく、認知症に
ついての地域住民の理解を深めるとともに、ボランティ
ア団体などを支援して育てていき、彼らにもっと活躍し
てもらえるような仕組みづくりが求められている。

　最近来日したイギリス人研究者の話によると、ボラン
ティアを動員する「認知症にやさしい地域づくり」とい
う認知症対策の日本の考え方を、イギリスも追いかけて
いるとのことである。イギリスは高齢化の先頭を走って
いる日本の後を追いながら、日本の政策の成否を注視し
ているようだ。実際、イギリスの「認知症フレンズ」は、
日本の「認知症サポーター」に倣ったものである。

　認知症の人や家族への支援のような（一人一人に対応
したキメの細かい）社会サービスは、行政が行うよりも、
ボランティア団体などのNGO（非政府組織）にまかせ
た方が、通常、はるかに安上がりで質が高く効率的だと
いうことが分かっている。

　しかし、ボランティア団体などのNGO（非政府組織）
と連携し、草の根レベルでのサービスを進めていくとい
う伝統は、日本は欧米諸国に比べるとかなり遅れている。
自治体などの行政とNGO（非政府組織）との連携につ
いては、日本はまだまだ欧米諸国の経験に学ぶべきなの

である。

　スコットランドの自治体政府は（ボランティア団体などに）「お金は出すが、口は出さない」ということであった。「お金は出すが、口は出さない」ことによって、NGO（非政府組織）を育てているのだ。

　なお、日本では2017年までのオレンジプランにおける施策の第一として、各市区町村において、認知症の発症初期〜後期まで、認知症の本人の状態に合わせて、どんなときに、どこで、どのような医療・介護サービスが受けられるのかといった「サービスの流れ」をあらかじめ示す「認知症ケアパス」の作成・普及が進められてきた。
　こうした「ケアパス」作成の背景には、認知症には適時の切れ目のない細かいサービスが必要とされているにもかかわらず、現状のサービスが必ずしもそれに応えていないという実情がありそうである。
　認知症ケアパスには、行政や公的サービスだけでなく地域のボランティア団体などの連絡先も記されており、日本においても、認知症については地域のボランティア団体などによる活動の必要性が、強く認識されてきていることが窺える。

5．分かりやすい環境が重要

　場所が分からなくなったり、道に迷ったりという、空

間の認知機能の障害は、アルツハイマー病などの認知症の人に見られる初期症状のひとつである。認知症になると、自分がどこにいるのかが分からなくなったり、道に迷いがちになることが知られているが、馴_な染_じみのない環境や分かりにくい環境であればなおさらのことである。

　病院への入院が、認知症の人にとっては致命的なストレスになりかねないことを前に述べたが、これは病院における医療や看護スタッフの対応といった問題だけではなく、病院の環境が一般にひどく分かりにくいことにも関係している。

　そもそも病院の環境は、日常の家庭的な環境とは、雰囲気がまるで違うだけでなく、認知症の人にとっては、あまりにも大規模で複雑であるために分かりにくく、しかも、話し声や騒音などが常に耳に入ってくるので、大きなストレスになるのである。

　昔の介護ホームなどは、病院の病棟と似た感じのものが多くあったが、近年の（とくに認知症の人に配慮した）介護ホームは、少人数（10人くらい）のユニットで構成し、家庭的なしつらえを心がけ、ユニット内を分かりやすく馴染みやすい環境にデザインしているものが増えている。

　認知症の人のための環境デザインについては、すでに多くの実証研究が行われており、分かりやすい環境であることのほかにも、細かく注意すべきことが多々見いだされている。介護ホームなどを設計する建築家やインテ

リア・デザイナーにとっては、こうした知識が必須になっている。

　馴染みがなく、大規模で複雑な環境では、道に迷ったり、場所が分からなくなるというのは健常者でもしばしば経験することであるが、認知症の人にとっては、住み慣れた自宅を離れて、介護ホームなどの施設環境に移るということは、今までできていたことができなくなる（あるいは、させてもらえなくなる）といった事態を招きうる。

　そうなれば、当然、強いストレスが生じ、病状を進行させかねない。さらに、転倒や骨折などをして、救急病院に入院することになれば、致命的な事態につながりかねないことはすでに述べた。

　一方、グループホームのような小規模で家庭的な環境は、分かりやすいので、日常生活におけるストレスも少ない。そして、それまでの活動をできるだけ継続していくことができれば、生活の質を高く維持することにつながる。もちろん、自宅の生活を継続していけるのであれば、それに越したことはないことも理解できる。

6．戸外の環境が重要

　ところで最近では、認知症の人が戸外に出ることの重要性が強調されている。日光を浴びることによって、生活のリズムが整えられ、自然に触れることで気持ちが落

ち着き、幸福感が高まるからだ。さらに、日光を浴びることで、体内でビタミンDが合成されることも重要だ。骨を丈夫にするだけでなく、パーキンソン病の予防にもつながるからだ。

　軽度認知障害（MCI）の段階において認知症の発症を予防するには、ウォーキングなどの有酸素運動が有効なことが知られている。また、認知症を発症した人にとっても、ウォーキングなどの運動が、病気の進行を遅らせることが知られている。

　いずれにせよ、買い物をしたり、手紙を出したり、掛かりつけの医師を訪ねたり、あるいは散歩をするなど、自宅での生活を継続していくためには、積極的に外出していくことによって心身の健康を維持し、自立した生活能力を長く保っていくことが望まれる。

　しかし、外出して道に迷ったり、帰り道が分からなくなるというのは、認知症の本人はもとより、家族などの介護者にとっても大きな心配事でもある。実際、認知症の人が自宅を出て行方が分からなくなり、警察に捜索願いが出されることは決して珍しいことではない。

　日本では近年、認知症の行方不明者が多数に上っていることが大きな社会問題になってさえいる。認知症の人が外に出たまま行方不明となってしまうのだ。見つかった時には死んでいるということもあり、スコットランドのような寒い気候では、そうした危険はかなり大きいという。

したがって、認知症の人が地域で暮らし続けられるためには、近隣の環境が分かりやすいこと、できれば日常利用する商店や地域施設が歩いていける圏内にあることなどに加え、商店の店員などが認知症の人を正しく理解して接することが重要だとされるのだ。

7．エリザベス・バートンと
　　リン・ミッチェルの研究

　筆者がエリザベス・バートン（Elizabeth Burton）とリン・ミッチェル（Lynn Mitchell）の研究について知ったのは、2012年、われわれの友人であるメリー・マーシャル教授が、彼女が編集した本 "Designing Outdoor Spaces for people with dementia"【＊10】（認知症の人のための外部空間のデザイン）を送ってくれたことが契機であった。

　その本の中の一章は、「認知症にやさしい近隣地域」のデザインについての興味深い原則を見いだした研究結果を紹介していたのだが、もともとの研究は2006年に出版された "Inclusive Urban Design"【＊11】（すべての人のための都市デザイン）にすでにまとめられていたものであった。

　ちなみに、'inclusive' という言葉には「弱者や障害者たちが共存できる」といったニュアンスがある。この研究は、認知症の本人たちに協力者として参加してもら

い、実際に町を一緒に歩きながら、認知症の人たちの様子を観察し、意見を聞き取っていくというユニークな研究方法によるものである。

　その後、バートンさんが亡くなったことが関係しているのであろうが、2人が見いだした認知症にやさしい町のデザインについての考え方は、現在もほぼそのまま踏襲されていることを、この分野の専門家であるスターリング大学社会学部の上級講師のリチャード・ウォード博士から聞いた。その後の新たな知見は、認知症の人には「自然に触れる」ことが重要だという研究が加わったことくらいであるとのことであり、ウォード博士は自分の授業でもこの本を使っているとのことであった。

　近年は、認知症の当事者を被験者とした研究が多く行われるようになってきており、スコットランドの認知症ワーキンググループでは、こうした認知症当事者が参加する研究のあり方について、当事者としての意見を表明すべく、議論を重ねていたことを付記しておきたい。（なお、認知症当事者たちの議論の様子については、後の章で触れる）

　エリザベス・バートンとリン・ミッチェルの研究は、60歳以上の歩行可能な45名の協力者を対象に行ったものであるが、そのうちの20名は軽度～中程度の認知症（ミニメンタルステート検査の点数8～20）の人たちであった。認知症の研究協力者たちのほとんどは、一人で外出しており、ほぼ半数の人たちが毎日外出しており、全員

が買い物のために外出していたのだが、多くは郵便局や公園などにも行っていた。

　認知症の人の外出は、1回に1カ所に限られているのが一般的であり、しかも手紙を出すとか、新聞を買うとか、犬を散歩させるといった簡単な外出を好み、複雑なことが要求される外出（図書館・教会・友人の訪問など）を避ける傾向があることが見いだされた。

　バートンとミッチェルは、認知症の人にやさしい地域のデザインについて、①馴染んでいる、②分かりやすい、③特徴がある、④アクセスしやすい、⑤快適である、⑥安全である、の6つの原則を発見している。これらを以下に解説しておく。

①「馴染んでいる」とは、街路や建物、ストリートファニチャーなどを見れば、自分が育ってきた環境における経験などから、その用途が予想できることに関係している。街路であれば、表通りでは道幅が広く、大きな建物が並んでおり、裏通りでは道幅が狭く、静かな住宅街になっているといった序列の関係が期待通りで馴染みのイメージに沿ったものであれば、その様子を見るだけで、表通りか脇道かが分かるので、方向感覚や記憶を維持していく助けになることが見いだされたのである。

　建物を見て、商店なのか、オフィスなのか、住宅なのか、といった馴染みのイメージに合っているならば、何のための建物かがすぐに認識できるのに対し、用途が不

明な建物とか、初めて見るようなデザインであれば、認知症の人は混乱し不安になる。ベンチや電話ボックスといったストリートファニチャーなどについても同様であり、研究協力者たちの多くは、全自動の公衆トイレとかモダンデザインの電話ボックスなどのストリートファニチャー、あるいは観光案内所を示す‘ⅰ’のロゴマークなどについても、その用途や意味が分からなかったのである。

②「分かりやすい」は、上記の「馴染んでいる」と関連している。馴染んでいれば、分かりやすいからである。モダンデザインの建物やストリートファニチャーには、その用途が分かりにくいものが多いのは事実である。しかし、モダンデザインであっても、何を目的とした建物や施設であるのかがはっきりと分かるのであれば、認知症にやさしいデザインとなる。

　なお、モダンデザインの建物を認知症の人が使いにくい理由としては、しばしば入り口がどこにあるのかが分かりにくい点が指摘できる。入り口は街路に面しているべきであり、入り口にポーチや庇があると、さらに分かりやすくなる。

　街路のパターンや交差点の形状、カーブした街路、ランドマーク、案内標識なども、環境の分かりやすさに大きく関係している。バートンとミッチェルは、道に迷ってしまう認知症の人は、道の先を行き止まりにして車の回転スペースを設けたリリポップ（柄のついた丸いアメ

玉）状になっている街路パターンの地域とか、一様な格子状の街路パターンで、街路の長さや形状、周りの建物など、どれも非常によく似ているような地域、あるいは交差点が複雑に枝分かれしているので多数の方向から道を選ぶ必要があるような地域に住んでいたことを見いだしている。認知症の人に分かりやすいのは、小さな不規則な街区ブロックで構成された変化に富んだ街路であり、Ｔ字路など、交差点における街路の数が最小限になっているパターンである。

交差点の分かりやすさは重要であり、研究協力者たちは、樹木や花壇、水場や噴水、彫刻などの飾りや時計、電話ボックス・ベンチなどといった特徴を持った交差点であれば、それらの特徴を目印として利用していることを見いだしている。長い直線の街路でも、こうした特徴的な目印が道の途中にあれば、自分の位置を確認するために役立つ。

また、研究協力者たちが好んで歩いたのは、歩行距離としては長くなっても、ゆったりとカーブした道であった。こうした道は変化があるので分かりやすく、長い直線の道よりも集中力が持続しやすいのである。したがって、どこに向かっているのかを忘れてしまうとか、混乱してしまうといったことが避けられるのである。

認知症の人は、案内標識などのサインを理解するのが次第に困難になってくる。研究協力者たちの様子から、いくつもの案内標識が並んでいたり、１つの案内標識に

多くの情報が詰め込まれていると、読み取るのが困難になることが見いだされたのである。デザイン化された字体などは即座に読み取ることが難しいので、白地に普通の字体で濃くはっきりと、たとえばトイレの方向といった、不可欠な情報だけを示すような、単純な標識の方が良い。図案化した絵などの表示は、実物がイメージでき、曖昧でないことが必要である。

③「特徴がある」は、建物の形や装飾などに特徴があり、街路景観に場所ごとの特徴があって変化に富んでいることである。これは「分かりやすい」ことと大きく関連している。研究協力者たちは、最短距離のルートよりも、景観に特徴がある道順を選択していたが、特徴がある道は、単調な道に比べると、集中力が高まり、道に迷うことが減るのである。

　教会・記念碑・市庁舎・橋・塔などの歴史的建物や構造物、公園・スポーツグラウンドなどといった人々の活動が見られる場所、また物珍しい形をした建物とか特徴的な広場などがあれば、自分がどこにいるのかを確認しながら歩いていく手がかりとなり、道に迷ったときでも、次にどこに向かうべきかを教えてくれる案内目印として機能する。

④「アクセスしやすい」について、バートンとミッチェルは、土地利用が混在していれば、地域のサービス・施設・オープンスペースなどへのアクセスを容易にすると書いている。若い人たちが5～10分程度で400m程度を

歩けるのに対し、70代半ばの人では10〜20分ほどかかるので、食料品店・郵便局・銀行・診療所・緑地・公衆トイレ・ベンチ・バス停などといった一次的なサービスは、地域の高齢者の住まいから500m圏内に、さらに図書館・コミュニティ施設・レジャー施設・公園などのオープンスペース・宗教施設などを含めた二次的なサービスは800m圏内にあることが望ましく、そのためには土地利用が混在している必要がある、と述べている。

　また、そうしたサービス施設の入り口はすぐに分かる地上階の1階に、できれば段差がないようにつくられるべきであり、段差が避けられない場合には、1、2段であれば階段ではなくスロープにすべきこと、さらに段差が大きい場合にはスロープのほかに階段も用意すべきだとしている。スロープや階段には、安全性が求められる。したがって、位置をはっきりと示すとともに、手摺りを付け、きちんと照明し、滑りにくく光を反射しない仕上げにすることが、とりわけ認知症の人には重要となる。

　なお、アクセスのしやすさは、歩道における歩きやすさ（さらに車椅子の利用のしやすさ）にも関わってくるので、少なくとも2mの幅のある歩道が望ましいとしている。

⑤「快適である」は、歩行空間のほか、公共のベンチ、公衆トイレ、バス停のつくり方にも関係している。研究協力者と一緒に歩いていると、大きな交通騒音やサイレンなどの突然の音に驚いて、集中力を失い混乱すること

があったとのことであり、こうしたことを防ぐには、交通の激しい車道と歩道との間に、見通しを遮らない樹木や芝生などの緩衝ゾーンがあることが役立つとしている。

　また、研究協力者たちは、いくつかの場所に行きたくない理由として、途中に座って休める場所がないことを挙げており、多くの高齢者にとって10分以上歩き続けるのは苦痛になるので、できれば公共のベンチを100〜125mの規則的な間隔で用意すべきである、と述べている。そして、ベンチが快適であるためには、頑丈な木製で、背もたれがあり、肘掛けがついたものが望ましいとしている。また、静かな場所であることや、気候に応じて、ベンチに日陰ができることなども必要とされる。

　高齢者の多くは若い人々に比べると、トイレに行く頻度が高くなるので、外出にあたってはトイレの有無が非常に重要になる。研究協力者たちは、安全で清掃が行き届いたトイレがないところには行きたがらなかったり、外出を控えていたとのことである。イギリスの都市には、地下に公衆トイレがつくられているところがあるが、転倒や犯罪に遭う危険などから、地下のトイレは危険だと認識されているようである。また、新しい自動式の公衆トイレについては、そもそもトイレであることが認識しにくく、また、中からドアが開かなくなる危険が感じられるので、不信感がもたれていた。

　なお、自動式の公衆トイレは、30年ほど前からフランスの町でしばしば見られたタイプであるから、ご存じの

読者もおられると思う。私は随分昔に一度だけ使った記憶がある。トイレには窓がなく、コンクリート製の長円形シリンダー状の大型の抽象彫刻のような形をしており、頑丈な金属製の電動ドアが、円弧に沿ってスライドして開閉する奇妙な仕組みになっている。筆者は、ドアがもし故障すれば内部に閉じ込められてしまうという恐怖があったことを告白しておきたい。高齢者に喜んで外出してもらうためには、分かりやすく安全で快適で入りやすいトイレが重要である。

　バス停にも、快適さが求められている。イギリスでは天候が変わりやすいこともあり、バス停には屋根を掛け、透明な壁や大きな窓で囲い、待ち合い用のベンチを設けることが必要だとされている。

⑥「安全である」は、「アクセスしやすい」や「快適である」とも関連している。認知症の人は、しばしば歩くのが遅く、歩行が不安定になることがある。歩道の舗装面に凹凸があると躓きや転倒の原因になりかねない。また、奥行きの感覚に障害がある人も多く、舗装に色彩の対比や模様があると、段差や穴があるように錯覚させてしまうことがある。市松模様とか縞模様なども、目眩を生じさせかねないことが知られている。さらに、舗装タイルなどの表面がテカテカして光を反射すると、濡れていて滑りそうに見えたりもする。したがって、歩道の舗装には模様などはつけず、車道との境界が分かるように、縁石部分の色彩や明るさがはっきりと対比している必要

がある。

　歩道に自動車がはみ出して通行することは、認知症の
歩行者にとって非常に危険である。自転車レーンと歩行
者レーンが線で区切られていても、そもそも迷子になら
ないようにするだけで精一杯の認知症の人にとっては、
線のどちら側が歩行者レーンかを覚えておかねばならな
いというのは無理を強いることにほかならない。さらに、
歩道を走る自転車は、突然背後から現れては抜き去って
いくので、躓きやすい高齢者のバランスを崩し、転倒を
招く危険な存在でもある。

　知覚障害や運動障害を持つ人にとって、交通量の多い
広い道路を横断するのは、恐怖そのものである。イギリ
スの横断歩道は、黄色の大きな球形の電灯を先端につけ、
黒と白に塗った2本の柱が両側に立っていて、かなり目
立つようにできている（このタイプの横断歩道では横断
者が待っているのに車を止めなければ罰金対象となる）
のだが、それでも車が横断歩道で止まらないことがあり
得る。

　また、渡り終えるまで十分に待たないで車が走り出す
こともあるので、認知症の人にとっては、歩行者用の信
号機（音も出る）がある横断歩道が頻繁にあることが望
ましいとされている。

コラム：踏切のデザイン

　2007年12月７日に、東海道線共和駅構内で当時91歳だった要介護４の認知症の男性が、線路に立ち入って列車にはねられて死亡した事故に対して、JR東海が遺族（妻および長男）に損害賠償を求めた裁判結果が日本では大きな話題になった。

　一審の地裁は、ほぼJRの請求通りの720万円の支払いを命じ、二審の高裁では賠償額が半額に軽減されたものの、介護家族（同居していた当時85歳の要介護度１の妻）に監督責任があったとして賠償を命じたことには、不当判決であるという怒りを感じた人が多かったようである。

　最終的に2016年３月１日に下された最高裁判決は、妻や長男には賠償責任はないと結論し、JR東海の敗訴が決定したことはまだ記憶に新しいのではないかと思う。

　NHK「認知症・行方不明者１万人」取材班が、国土交通省に情報公開請求を行って報告書を入手した調査によると、2005年以降から８年余りの間に生じた認知症の人の鉄道事故は76件に及び、そのうちの64件は死亡事故であったことが確認されている。これらは、備考欄に「認知症で徘徊癖あり」などと記されていたものだけで、実際にはもっと数が多いと見られているそうだ。

　認知症の人の「徘徊」行動といわれているものは、実

70

際には目的もなくうろつき回っているのではなく、（過去の記憶に混乱を生じている）当人にとっては目的を持った「外出」行動であることが、近年では明らかになっている。

　しかしながら、自分がどこにいるのかが分からなくなれば、「徘徊」が生じてしまうのは事実であり、スコットランドのような寒冷な気候では、道に迷って徘徊することは凍死に直結しかねない。認知症の人が行方不明になることは一大事であり、GPSの利用などが進められている。

　スコットランドでも、認知症の人が線路内に迷い込むことになれば、列車に轢かれる事故がありそうなものであるが、そうした話を聞くことがなかった。踏切から線路内に入っていくことがないのかが不思議になり、踏切を調べようと思い立ったのである。

　分かったことは、そもそもスコットランドには踏切がほとんどなかったことである。鉄道はかなり発達しているのだが、おそらくは緩やかに起伏している地形が関係しているのであろうが、普通の道路とは立体交差になっていることが普通であり、道路を車で走っていて踏切に出会うことがなかったのである。ということは認知症の人が歩いていて、踏切の地点から線路内に入ってしまうこともないのであろう。

　ところが、われわれは偶然に踏切を見つけたのである。修道院遺跡が大学の近くにあったので見に行ったところ、

そこに通じている行き止まりの道の途中に踏切があったのだ。そこの鉄道は単線であり、両側に遮断機が設けられていた。さらに、道路と鉄道との境には、遮断機を挟んで柵が設けられていた。

しかし、当然のことながら、踏切の内側の列車が通行する部分には柵を設けることができない。そこから鉄道線路内に入っていくことができそうである。

ところがその踏切では、柵が途切れている部分に線路と同じ高さの鉄の板が狭い間隔で並べてあって、ひどく歩きにくいように造ってあったのである。

つまり、われわれが見たスコットランドの踏切は、（認知症の人がいかに混乱していたとしても）そこから鉄道線路に入っていくことが事実上不可能なようにデザインされていたのだ。

こうした工夫は、もともとは家畜に対する配慮だったのかもしれない。しかし、もしかすると日本の鉄道は、安全なデザインについての簡単な工夫を怠っているのではないだろうか？　事故に遭った認知症の人の遺族に賠償請求する資格があったのであろうか？　そんな疑問を生じさせるほどに、スコットランドにおける認知症にやさしい地域づくりは、ソフト面だけでなく、ハード面についても学ぶことが多いことを再認識した経験でもあった。

道路と鉄道との境には、遮断機を挟んで柵が設けられていた

踏切内は、誤って線路側に入らないよう、鉄板を並べ、ひどく歩きにくくしている

第 2 章
スコットランドの町は認知症にやさしい

1. スコットランドの町のハード面の環境は、すでに認知症にやさしい！

　われわれが滞在したスターリング大学は、グラスゴー（人口約60万人）とエディンバラ（人口約50万人）の中間のやや北にあり、スコットランドのほぼ中心に位置する古都スターリング（人口4万6000人弱）の郊外に1967年につくられた新しい国立大学である。

　キャンパスの中心に小さな湖があり、その南側に低層の大学施設が集合しており、北側にはいくつもの学生宿舎が芝生の斜面を囲むように並んで建ち、両者の建物群を結ぶための歩行者用の橋が湖に架かっている。

　学生宿舎の窓からは広い芝生の緑と大きな樹々、その後ろに湖の水面、その反対側の岸辺の緑の上に水平に広がる大学の建物、さらにその奥の緑の丘の上に、スコットランドの英雄ウイリアム・ウォレスを記念した中世風の高い塔（ウォレス・モニュメント）が建つという見事な景観を享受することができる。このキャンパスが「世界で最も美しいキャンパス」と形容されていたのも、あながち誇張ではない。

　われわれはこのキャンパスの学生宿舎に約4カ月滞在したのだが、宿舎の内部はブロック壁に白ペンキを塗っただけの簡素な造りであり、とても快適とは言いがたい生活だったのだが、窓からの眺望や戸外環境はすばらし

かった。窓の下の広い芝生では、野うさぎが走り回り、しばしば湖の鴨たちが餌を欲しがってやって来るという、自然に溢れた環境だったからだ。

　キャンパスは地域に開放されており、湖の周りの散策路に沿ったところどころに寄贈されたベンチが置かれており、常に地域の人々が散策に訪れていた。引退後のカップルなどの高齢者が多かったが、週末には子供を連れた家族の姿も見られた。大学の建物の中心には芸術センターがあり、そこで行われる演劇も映画や展覧会にも、地域の人々が訪れていた。また、キャンパス内の屋内プールやスポーツジムも、地域の人々に開放されていた。

　キャンパスを出た北東には、ドゥムヤットという小高い山がある。その頂上に登ると、エディンバラの方角までスコットランド低地地方が広く見渡せる。反対側には、緩く起伏しながらところどころに岩肌をみせるハイランドの山々が広がっている。スコットランドの山々の麓は牧用地として柵で囲われていて、登れないことが多いのだが、珍しくドゥムヤットには、柵の中の牧用地に入っていける登山道ができていて、常に山歩きに来た人々で賑わっていた。

　スターリング大学のキャンパスは、スターリング市の中心部からは4〜5km離れており、むしろ隣町のブリッジ・オブ・アランの方が近い（約1km）という立地関係にある。そのため、われわれはブリッジ・オブ・アラン（人口6800人弱）をたびたび訪ねることになった。

なお、スターリングの駅や中心部と大学の間には頻繁なバスの便があり、そのほかの周りの町との間にもバスの便があった。

　ブリッジ・オブ・アランの町は、スターリングから大学へ来る道を、キャンパス前の（環状の）交差点を直進すれば、ほんの300mくらいで現れる。大学からだと、入り口の同じ交差点を右折することになる。

　この道の両側には、歩道が設けられており、この道がそのまま町の中心商店街へと続いていくのだが、商店街はもう少し進んだところから始まっている。この中心の通りには、さまざま商店やパブ・レストラン、銀行や警察署などが集まっており、食品スーパーや郵便局は、この通りからすぐのところにある。また、近くには（蔵書数は少なかったものの）図書館や医療センター、教会などもあった。

　町の中心地には、昔からの建物が数多く残っており、中心の通りだけでなく町の広い範囲が保存地区に指定されていて、景観が保護されている。商店街の中ほどには、目印になりそうな柱の上の時計、また小さな公園もあって、その公園には入り口を斜路にした公衆トイレがあった。中心の通りの大学に近い側には、かなり大きな別の公園があり、中心の通りの一番先から少し入ったところには鉄道駅があった。ベンチが町のあちこちに置かれており、さらに、町の中に数カ所あったバス停のすべては、屋根があり透明な壁で囲われ、待ち合いベンチがあった。

　中心の商店街は、隣の町へと続く通過道路でもあるの
だが、車の速度は抑えられており、横断歩道や歩行者用
の信号機などの安全策もとられていた。

　筆者は「認知症にやさしいまちづくり」の研究のため
にスターリング大学に来たのであったが、大学のすぐ近
くのブリッジ・オブ・アランの町が、（バートンとミッ
チェルの研究に照らして）すでに認知症にやさしい町に
なっているではないか、と一目で気づかされることにな
ったのである。

2．スコットランドには小さな町が多い

　われわれはスターリング大学のキャンパスを起点に、
時々車で遠出をすることがあったが、そうした折には、
さまざまな小さな町に立ち寄ることになる。もちろん、
立ち寄らずに通過するだけのことが多かったのだが、そ
れでも、町の全体の姿のおよそは把握できる。

　スコットランドの昔からの町並みは、道路に沿ってで
きている。車を運転していくと、まず、町や村の名前を
書いた表示が現れ、市街地になる直前に、速度制限の標
識が現れる。速度が十分に下がっていないことを警告す
る電灯表示の標識をさらに設けているところも多い。そ
して、すぐに家々が現れ、まもなく商店などが連続した
家並みになる。家並みが途切れると、制限速度解除の標
識があり、そのあとは農地や自然環境となる。

つまり、スコットランドの町や村は、制限速度の標識と制限解除の標識の間にあるというわけで、市街地がコンパクトでとても分かりやすい。

　中には標識の間に数軒の民家しかないというようなところ（その場合の制限速度は30マイル＝48km ではなく40マイル＝64km のことが多い）もあるが、多くは町や村（30マイルの制限速度）である。標識の間隔が長ければ町や村の規模が大きいわけで、途中に交差点がいくつかあったり、横断歩道があったりもする。

　また、町・村の規模が大きくなれば、中心地の建物も大きく立派であることが多い。つまり、スコットランドの小さな町のどこもが、前述の（ミッチェルとバートンの原則を満たしている）ブリッジ・オブ・アランと同じようにできており、中心部に主要なサービス施設が集中し、古い建物などが保存されている構造になっているということが、地方の道を車で走っていくだけで分かるのである。

　ちなみに、スターリングから30km ほど北方にあるクリーフ（Crieff、人口7000人強）という町では、中心地の道路脇の小さな広場に面した建物に、大きな文字でトイレ（toilet）と書かれていた。クリーフの町もまた、認知症にやさしいデザインだった。

　さらに、スコットッランドの北方のインヴァネスに近い、アヴィーモア（Aviemore、人口2800人ほど）とか、その途中のピットロコリ（Pitlochry、人口約2500人）

といった小さな町も訪ねてみた。

　車を降りて、町を歩いてみた。これらの町も、ブリッジ・オブ・アラン（人口6800人弱）と同じような分かりやすい構造をしていた。そして、日本のように町の中心地の商店街が廃れているといったことがなく、どこもなかなかに賑わっていた。車を使わないでも十分に生活が可能であるとともに、「馴染んでいる」「アクセスしやすい」「分かりやすい」といった認知症にやさしい環境になっていたのである。

　ところで、われわれの友人のメリー・マーシャル教授は、だいぶ以前に大学を退職していたのだが、初代の所長として、認知症サービス開発センターには時々顔を出しているようであった。われわれは大学にやって来たメリーに何回か会ったのだが、大学で最初に会った時に「スコットランドの小さな町は、すでに認知症にやさしくなっている」と話すと、彼女は思いがけない話を聞いたことに驚いたようであった。

　われわれは、社会学部長のアリソン・ボウエズ教授や、前述したウォード博士など、認知症にやさしい環境についての研究者や専門家たちにも、同じ話をしてみたのだが、彼らも「スコットランドの小さな町が、すでに認知症にやさしくなっている」とはそれまで全く意識することがなかったようだった。

　おそらくスコットランド（あるいはイギリスやヨーロッパの国々など）に住んでいる人々は、認知症には環境

が非常に重要であることを研究テーマにしているような認知症についての専門家であっても、自分たちの周りにある環境が果たして「認知症にやさしいのか否か」という意識を持って見ることがなかったのだと思う。灯台下暗しというわけである。

　そういうわけで、われわれは「スコットランドの小さな町が、すでに認知症にやさしくなっている」ことの（おそらくは初めての）発見者であり、この発見を中心に「認知症にやさしいまちづくり」について考えていこう、ということになったわけである。

　なお、スコットランドは、人口・面積ともに北海道とよく似た規模の地域である。緯度が北海道よりもはるかに北に位置しているので、夏は日がとても長く、逆に冬は日が短い。しかし、海流の影響で北海道ほどには冬が寒くならないといった気候の違いに加えて、国土の形状や地形の違いといったものも大きい。

　もちろん、明治になるまで長く蝦夷地であった北海道と、15世紀までに３つの大学が誕生し、18世紀からの啓蒙時代には多くの優れた学者を輩出したという歴史を持っているスコットランドとでは、地域文化の成熟度が大きく異なる。それでも、人口や面積がほぼ同じであり、また北国であるという点においても、スコットランドを北海道と比べてもらえば、幾分かはイメージしやすいのではないかと思う。

「スコットランドの町が（徒歩で生活できるようになっていて）認知症にやさしい」という著者の発見は、言い換えれば「北海道の町の（物的な）環境は（スコットランドに比べると）認知症にやさしくない」ということでもあろうかと思う。さらには「日本の町を認知症にやさしくしていくには、どうしたらよいのか？」という疑問について考える契機でもあったのである。

３．スコットランドの小さな町が認知症にやさしくなっている理由

　物的環境としてのブリッジ・オブ・アランやその他のスコットランドの町々が、すでに認知症にやさしい環境になっているのは、なぜであろうか？

　まず、町が地理的に小さな範囲にまとまっていることである。ブリッジ・オブ・アランでは、主要な街路に沿った家並みは、1.5km ほどでしかない。もし市街地の形状が円形で、さらに町のサービスが中心に集まっているのであれば、町の中心から800m圏内に二次的なサービスのほぼすべてが収まってしまうことになる。

　もちろん、サービスの立地の多くは中心の街路に沿って距離的に広がっており、市街地が歩行可能な範囲にコンパクトにまとまっているといっても、普通は円形ではないから、500mの一次的サービス圏、800mの二次的サービス圏というバートンとミッチェルの「アクセスしや

すい」という条件を厳密に満たす町は限られるだろう。

　ブリッジ・オブ・アランでさえも、地図で確認してみると、市街地の端は中心から800mを超えていたので、厳密に満たしているわけでない。しかし、小さな町の市街地がコンパクトにできていて、中心地域に一次的・二次的なサービスがまとまって立地しているならば、「アクセスのしやすさ」の条件をほぼ（完全に）満たしてしまうことは間違いない。

　バートンとミッチェルは、土地利用が混在していることが「アクセスしやすい」ために必要だと述べていたのであるが、これは大きな町や都市について言えることであり、小さな町が地理的にコンパクトにまとまっているならば、そして商店などが中心地を形成しているならば、ほぼ自動的に「アクセスしやすい」距離の条件を満たしてしまうということ、さらに、スコットランドには小さな町が多いこと、に気づいたのである。

　つまり、スコットランドの小さな町では、土地利用の混在は見られない。むしろ真逆であり、土地利用は整然と区分されている。スターリング大学の認知症ケアの研究者たちが、自分たちの周りにある小さな町が、すでに認知症にやさしい環境になっていることに気づかなかったのは、灯台下暗しというだけではなく、アクセスのしやすさの条件としてバートンとミッチェルが強調していた「土地利用の混在」が、全く見られないからでもあろう。

　スコットランドでは（ほかのヨーロッパの国々も同様であるが）、土地利用を厳しくコントロールしており、市街地が道路に沿って無秩序に拡大しているということがない。ひとたび市街地の外に出ると、田園や自然が広がっており、商業施設や住宅地などがスプロールしていることがない。

　車は市街地を出ると、片側1車線の狭い道路でも時速100km近いスピードで走るのが普通だが、道路の周りには店や人家がなく、遠くまで見通しがきき、交差点などがあれば分かりやすく表示されているので、狭い道でスピードを出しても、運転者には緊張が強いられるものの、決して危険ではないのである。

　また、土地利用を（厳しく）コントロールしているということは、日本のように郊外の大型店に買物客が流れてしまうことを防ぎ、中心商店街が衰退しないようにしている、ということでもある。

　スコットランドの小さな町でも、車でまとめ買いに来る客のための大きな食品スーパーなどは存在している。しかし、こうした食品スーパーは、例外なく、町の中心地やそのすぐ近くに立地しているのである。

　また、道の両側は例外なしに歩道になっているので、歩行者の「アクセスのしやすさ」についての基本条件は満たされている。しかも「アクセスのしやすさ」は、歩行者だけでなく、車の利用者についても言える。というのも、小さな町では一般に駐車が容易であり、中心地の

道が狭くて混んでいるようなところでも、中心地のごく近くに公共の駐車場がほぼ例外なしに用意されているからである。

「アクセスしやすい」以外の、認知症にやさしいための条件については、どうであろうか？

スコットランドの小さな町の中心には、昔の立派な建物や昔の市庁舎、昔の教会などが建っている。昔からの中心地であり、「馴染んでいる」環境である。こうした昔の立派な建物は指定構造物として保存対象になっているだけでなく、通常は市街地の中心部全体が保存地区になっている。そして、保存地区ではさらに厳しい土地利用規制が行われているのである。

結果として、スコットランドの小さな町で育った人たちには、過去も現在も、さらに将来も、ずっと「馴染んでいる」環境が約束されているわけである。

「馴染んでいる」環境は、認知症の人にとっての「分かりやすい」環境でもある。さらに、引退後に引っ越してきたというような、町の環境に長くは馴染んでいない人にとっても、市街地に建っている建築物などの多くには「特徴がある」ので、目印として「分かりやすい」はずである。

つまり、スコットランドの小さな町は「馴染んでいる」「分かりやすい」「特徴がある」「アクセスしやすい」といった、認知症にやさしい環境としての4つの条件を、すでに満たしていることが分かるのだ。

　ところで、5つ目の「快適である」という条件は、主にベンチや公衆トイレ、バス停のつくりなどであり、6つ目の「安全である」という条件は、歩道の舗装や横断歩道や信号機などについてであるから、1〜4の条件を満たしているならば、のちに改善していくことはそれほど困難ではない。

　つまり、スコットランドの小さな町は、認知症にやさしいまちづくりの条件を、基本的にはすでにクリアしていることが分かるのだ。

4．公衆トイレには問題が残っていた！

　ところで、5つ目の「快適である」に関しては、スコットランドのほとんどの町は、すでに歩道が十分に広く、あるいは道路沿いに小さな広場があったりするので、シェルター付きのバス停が設置され、また、あちこちにベンチが置かれており、さらに、公衆トイレが公共駐車場のそばなどの分かりやすい場所につくられていた。

　しかしながら、公衆トイレがあっても有料である場合や、夕刻になって入り口に鍵が閉められてしまうものなどが少なからずあることに、のちに詳しく調べていて気づかされた。高齢者が外出するにあたって、トイレの有無は重要であるから、もし、トイレが使えないとか、使いにくいということであれば、外出を控えることになり、認知症にやさしい町とは言いがたい。

たとえば、中心地の道路脇の小さな広場に面して大き
な文字でトイレ（toilet）と書かれていたクリーフの町
の公衆トイレは、調べてみると有料であった。グラスゴ
ー中央駅にあったトイレやエディンバラ市内の中心地に
あった公衆トイレも同様であったし、また、西部のアウ
ター・ヘブリディーズ諸島の中心的な町であるストーノ
ウェイ（Stornoway、人口約8000人）の中心地にあった
公衆トイレは有料であり、夕方6時には閉まってしまっ
た。

　しかし、公衆トイレが有料だったり、夜は閉まってし
まうというだけで、認知症にやさしくない、と結論づけ
るのは早急かもしれない。徒歩圏内に長く住んでいる人
は、公衆トイレ以外にも、たとえば馴染みのカフェに入
るとか、パブに入るとか、別のところをあてにしている
可能性があるからだ。また、誰もが自由に入ることがで
きる公共施設などにトイレがある場合があり、地元の人
であればよく知っている可能性もある。たとえば、スト
ーノウェイでは有料公衆トイレが閉まってしまった夕刻
でも、近くのアートセンターが開いており、そこのトイ
レは使えたのである。

　しかしながら、バートンとミッチェルの研究からも明
らかなように、高齢者の外出にあたっては、外出先に安
全で使いやすく快適なトイレがあることが不可欠である。
その点では、われわれの経験に照らしても、スコットラ

ンドの町は必ずしも認知症にやさしいわけではなかった。

　たとえば、スターリング大学から東に15kmほどのところにあったドラー（Dollar、人口2900人弱）という小さな町は、美しく分かりやすく、認知症の人が徒歩で快適に生活できそうな環境だったのだが、公衆トイレは認知症にやさしいとは言えなかった。

　この町の公衆トイレは、中心の通りから川沿いの小道を少し入った小さな広場にあり、そこにベンチも置かれていたのであるが、そのトイレは、「新しい自動式の公衆トイレ」だったのである。バートンとミッチェルが、トイレであることが認識しにくく、また、中からドアが開かなくなる危険など、認知症の人が不信感を持っていると指摘しているトイレだったのだ。

5．町の様子と人口規模の関係は？

　スコットランドの小さな町が認知症にやさしい環境になっていることに気づいたのは、スターリング大学キャンパスの近くにあるブリッジ・オブ・アラン（人口6800人弱）の町を見たことが契機であったと述べた。しかし、その後にスコットランドのさまざまな町を訪れた結果、ブリッジ・オブ・アランは、やや例外的な町であることが分かった。

　たとえば、アヴィーモア（人口2800人ほど）とか、ピットロコリ（人口約2500人）といった小さな町も、ブリ

ッジ・オブ・アランと似たような構造であったということを述べたが、のちに調べたところ、ブリッジ・オブ・アランには、これらの町と比べると2倍以上の人が住んでいたことが分かった。

　さらに、クリーフ（人口7000人強）は、人口としては似たような規模であったにもかかわらず、町の商店の数などは、ブリッジ・オブ・アランの5倍ほどもあった。

　また、人口規模はやや大きくなるが、エディンバラから車で南に約1時間のところにあるピーブルズ（Peebles、人口8000人強）や、東にあるハディントン（Haddington、人口9000人強）の中心部にも、クリーフと同様に商業施設が多数集まっていたのである。

　つまり「認知症にやさしい」と気づく契機となったブリッジ・オブ・アランは、（日本の地方の町などに比べると）中心部が栄えているように見受けられたのであるが、商店街となっている主要な道の背後には、思いのほか広い住宅地が広がっていたのであり、こうした住宅地に住む人口に対しては、中心部の店の種類や数がかなり少なかったのである。

　その理由は、ブリッジ・オブ・アランが中核都市のスターリング（人口4万6000人弱）に隣接しており、また、その北4kmほどにダンブレーン（Dunblane、人口約9000人）という町があることに関係している。ちなみに、ダンブレーンは、2回のオリンピックで連続して金メダルを取ったテニス選手のアンディ・マレーの出身地である。

　われわれは、ブリッジ・オブ・アランに住んでいるスターリング大学を退職した元副学長のターナー夫妻を何回か訪ねる機会があったのだが、奥さんのアイリーン（車を運転する）の話によると、日常の買物は地元よりも、スターリングやダンブレーンの食品スーパーなどを利用することが多いとのことであった。

　つまり、ブリッジ・オブ・アランは、コンパクトな市街地と中心商店街を持った独立した町なのであるが、スターリング市の郊外住宅地といった位置づけの町だったのである。

　ブリッジ・オブ・アランと対照的だったのは、アウター・ヘブリディーズ諸島の中心的な町であるストーノウェイ（Stornoway、人口約8000人）だった。本土から離れた島嶼部の中心地であるため、人口規模は小さいものの、さまざまな産業活動が行われるとともに、あらゆるタイプの施設やサービスが備わった独立性の高い町だったからである。

　なお、ストーノウェイで行われている認知症の人に対するさまざまな取り組みについては、第4章で紹介する。

6. 認知症にやさしいまちづくりには、 都市計画が重要

　歩行圏内に施設やサービスが整っているという点では、ストーノウェイはもとより、クリーフやピーブルズやハ

ディントンなどの方が、また、歩行距離の点ではアヴィーモアやピットロコリの方が、高齢者や認知症の人にやさしいのかもしれない。

しかし、前述したようにスコットランドの町ではどこでも、土地利用をコントロールすること（つまり都市計画）によって、コンパクトな市街地を実現していることを強調しておくべきであろう。

町がコンパクトに保たれているからこそ、徒歩で生活ができるのである。古い建物や街並みが保存されているからこそ、認知症の人にとっても分かりやすい環境になるのである。また、十分な幅員の歩道とか、自然の景観やオープンスペースといったものも、都市計画によって確保される。

スコットランドの町々は長年にわたる都市計画によって、快適で住みやすい環境づくりが行われ、その結果として、認知症の人にもやさしい環境になっているのである。

そこでどうしても気になってしまうのが、日本の都市計画の問題である。日本の町、とくに地方の町の多くは、まさにスコットランドの町と対極的な「認知症にやさしくない」町の姿を示しているように感じざるを得ないのである。

スコットランドを含め、ヨーロッパ先進国では田舎であっても（自動車と人が通行する）街路には歩道が設けられているのが普通である。第1章に述べたバートンと

ミッチェルの研究において、歩道の幅は車椅子がすれ違えるように、少なくとも2m以上あることが望ましいとされているのだが、そもそも日本の町では（新しい住宅地なども含めて）街路のほとんどに歩道が設けられていない。

　また、スコットランドとは違って、日本では道路を車で走っていて、どの地点で町に入ったか、またどの地点で町を出たのかが分かることは滅多にない。日本では沿道の開発（これをリボン・ディベロップメントという）が規制されていないので、沿道のどこにも建物が建っているからなのであるが、イギリスではすでに1935年に、主要道路のリボン・ディベロップメントを規制する法律がつくられている。

　1938年にロンドンの周りの農村地帯がグリーンベルトとして残されるようになったことはよく知られているが、イギリスでは市街地をコンパクトに保つという都市計画が、大きな町だけでなく、小さな町でも行われている。そして、その結果として「認知症にやさしい町」になっているのだ。

　一方、日本では、市街地がコンパクトであるべきことの必要性が近年になってようやく強く認識されるようになってきたものの、その実現に取り組んで成功したと言えるような事例を寡聞にして知らない。

　日本全国において、郊外化が依然として止まらないようである。ショッピングセンターなどが郊外に立地して

いるために車がないと生活できなくなる一方、車があれば中心地の近くに住む必要がなくなるので、車の利用に不便な昔の中心商店街はひどく衰退してしまっている。

さらに、日本では高齢化や人口減少とともに、空き家問題が深刻化している。近年は、既存市街地に空き家や空き地が増えてきたために、熊やイノシシや猿などが出没するようになり、住民が被害を受けるといったニュースが報道されている。

しかし、空き家問題がこれだけ深刻化しているのに、新しい住宅（集合住宅を含む）や住宅地の開発が大きくスローダウンしているという兆しは、一向にみられない。人口や世帯数が減少していく中で、住宅開発は野放しで進んでおり、空き家問題は深刻化していく一方である。

さらに、東京のような大都会でつくられてきている大規模な再開発地区などにおいては、どこに入り口があり、どちらに進めばよいのかといった基本的なことが、障害者や認知症の人はもとより、一般の人にとってさえも著しく分かりにくい複雑な構造になっていることに気づかされる。具体的な地名は書かないが、再開発された地区での道迷いを経験した読者もきっと大勢おられるのではないかと思う。

ちなみに、日本観光のミシュラン・ガイドブックには、日本の町では場所や方向が分からなくなることに備えて、方位磁石の携行を強く薦めているほどである。また、常にスマホで自分の位置を確認しながら歩かざるを得ない

というのでは、危険であるし傍迷惑でもある。

　明らかに、日本の「まちづくり」は、すでに危機的な事態にありそうである。バートンとミッチェルの研究に照らした「認知症にやさしいまちづくり」を実現していくのは、容易ではないことは明らかであろう。

　しかし、2006年に国連総会で採択された「障害者の権利に関する条約」に日本は調印・批准しており、こうした権利を認知症の人たちにも拡大していこうというのが国際的な潮流であるからには、日本の町をバリアフリーにしていくにあたって、認知症の人たちも含めて考えねばならないこともまた明らかだろうと思う。

　これは、今後の日本がチャレンジしなくてはならない大きな課題であることは間違いなかろう。そして、今こそが、日本の町を改善していく上でのまたとないチャンスのようにも思える。

　というのも、「認知症の人にやさしいまちづくり」は「すべての人にやさしいまちづくり」になるからであり、日本の国土を効率化し、住環境を改善することによって、停滞している日本経済を再び活性化していくことにもなると筆者は考えるからである。

　第6章と第7章において、再びこの問題を考えたいと思う。

コラム：認知症にやさしくない町
——スコットランドのニュータウン——

　筆者がスコットランドの小さな町がすでに認知症にやさしくなっていることに気づき、そのことを、スコットランドの研究者や専門家たちに話したことを本文に述べたが、実はその時に認知症にやさしくない環境として、彼らが揃って名前を挙げた町があったことに触れておきたい。

　その町はスコットランドの首都エディンバラの西25kmに立地している、リヴィングストンという名前の（1962年に指定された、スコットランドで4番目につくられた）ニュータウンである。人口は5万6000人を超えているから、むしろ大きな町であり、決して小さな町ではないことを断っておく。

　しかし、認知症の人たちを支える環境について関心を持っている研究者たちが、揃ってリヴィングストンの環境が認知症の人にやさしくないと言っていたことの理由を、ここで解説しておきたい。

　イギリスのニュータウンは、大都市近郊のベッドタウンとしてつくられた日本のニュータウンとは違って、自立的な都市として工場やオフィスなどの職場がつくられているものの、大都市のベッドタウンとしても機能している。

　スコットランドのニュータウンの中には、モダニズムの都市計画の考え方を取り入れ、歩行者と車とを完全に分離したものもある。たとえばグラスゴー郊外のカンバーノールドというニュータウンでは、中心地への買い物に、歩行者と車では別の道を通っていくようになっている。それだけを見れば歩行者にやさしいようであるが、実際にはひどく分かりにくかったという経験が筆者にはある。

　リヴィングストンでも、歩行者の近道になるようにという配慮から、歩行者のための専用路が設けられているのだが、やはり分かりにくい。

　リヴィングストンの新しい住宅地は、道路に沿って連続する集合住宅やテラスハウスではなく、アメリカの郊外住宅のように、ひろい芝生に建つ一戸建てが多い。街路は、住宅地区を囲んでいる幹線道路と住宅地内のアクセス道路との2段階で構成されている。

　スピードが出せる幹線道路からアクセス道路に入ると、カーブした道が住宅地内を複雑に枝分かれしていき、最後は行き止まりになる。つまり、住宅地内は車が通り抜けられないようにしているのだが、車で住宅地に入るならば、幹線道路に戻るためには、同じ道を引き返すしか方法がない。

　実は、このような住宅地内を車が通り抜けられないようにした街路パターンは、自動車交通を前提としながら、住宅地内の交通量を減らし、スピードを抑えることによ

って安全で落ち着いた住宅環境を実現するというもので、車社会に適応したアメリカの郊外住宅地などでもよく見られるタイプのものなのだが、普通の町の街路パターンとはかなり違っている。

　つまり、幹線道路から住宅地に入っていく交差点を間違えてしまうと、その後に修正することができないのだ。先に進んでいくと行き止まりになってしまうし、住宅地内はどこも同じような景色であるから、間違っていることにさえ気づきにくい。認知症の人がひどく混乱しかねない、分かりにくい街路なのである。

　すぐ近くに目標の建物が見えていても、行き方が分からないということもしばしば生じる。これに比べると、ニューヨークや京都のような格子状のグリッドパターンの方がはるかに分かりやすい。

　バートンとミッチェルの研究結果として、道の先を行き止まりにして車の回転スペースを設けたリリポップ（柄のついた丸いアメ玉）状の街路パターンの地域に住む認知症高齢者は、外出を避ける傾向があったということを第１章で紹介したが、リヴィングストンの住宅地は、リリポップ状の街路パターンをさらに複雑化した形態だとも言える。

　リヴィングストンが認知症にやさしくないのは、住宅地の街路パターンによるだけでなく、中心市街地がないことも関係していそうである。

　ニュータウンの多くには商業施設などが集まったセン

ターが設けられていても、そこは市街地ではない。全国
チェーン店などが出店している大きなショッピングモー
ルが、リヴィングストンの中心地であり、大規模な屋外
駐車場に加えて巨大な駐車場ビルがつくられている。リ
ヴィングストンは、歩行者のためではなく、車の利用者
に向けて計画された町であることが分かる。

　住宅地内の環境は日本に比べるとはるかにゆったりと
しており、自然環境も残されているのだが、歩行者がア
クセスできる範囲をはるかに超えて広がっている。

　ネットで検索すると、このニュータウンの人の目の届
きにくいところのあちこちに、ゴミが捨てられ、落書き
が放置されている現況を告発している画面を見ることが
できる。

　リヴィングストンには、かなり高級な住宅が建ってい
る地域もあるものの、徒歩での生活を楽しめるような環
境にはなっていない。多くのアメリカの郊外住宅地と同
様に、車なしでの生活には不便であり、認知症にやさし
い環境ではないのだ。

第 3 章
「認知症本人の会」を立ち上げた
ジェームズ・マキロップさんに会う

1. 認知症への偏見に立ち向かった
ジェームズ・マキロップさん

　ジェームズ・マキロップさんは、認知症と診断された本人たちの声を社会に届けるべく、世界に先駆けて、「認知症本人の会」（認知症ワーキンググループ）を立ち上げた人であり、この認知症ワーキンググループの活動によって、スコットランド（やほかの国々）における認知症の人たちに対する社会の見方を変えていくことに精力的に取り組んできた人である。

　認知症ケアについて関心を持つ人々の間ではすでに有名人であったにもかかわらず、われわれは長いこと、彼の存在を知らずにいた。

　われわれの友人のメリー・マーシャル教授からは、時々彼女が編集した本などを送ってもらっていて、そうした本の中には認知症の本人が書いた文章があったのであるが、その文章の中にマキロップさんが書いたものがあったことには気づかずにいた。

　さらに、すでに2014年の9月に、マキロップさんの活動を取り上げた『私たち抜きに私たちのことを決めないで』と題したNHKのEテレ特集が放映されていたのであったが、われわれはその番組を見逃してもいた。

　この番組は川村雄次ディレクター（当時）のチームがスコットランドに取材したもので、日本の認知症当事者

の人たちにとりわけ大きな反響を及ぼすとともに、同年
の日本認知症ワーキンググループの発足を促し、日本の
認知症ケアのあり方を見直していく上での大きな契機と
もなった。

　われわれがジェームズ・マキロップさんの存在を知っ
たのは、2015年11月14日に東京（および大阪）で行われ
ることになった『当事者が拓く新時代』と題したマキロ
ップさん（および日本のワーキンググループで中心的に
活動している藤田和子さん）の講演会（およびパネルディ
スカッション）の案内チラシを添付したメールをメリ
ーから受け取ったのが契機であった。

　メリーからのメールには、講演会の後でジェームズに
会ってみてはどうかと書かれていたのであったが、講演
会の日の夕刻から旅行に出発することをすでに決めてい
たこともあり、とりあえず講演会にだけ出席したのが、
ジェームズ（と彼の奥さんのモーリーンさん）の姿を見
た最初である。

　このことをメリーに伝えると、ジェームズはすばらし
い人なので、ぜひ連絡を取ってみるようにとの勧めがあ
ってメール・アドレスを教えてもらい、それから何回か
メールを交わし合うことになった。

　そして、われわれが翌年の4月からスターリング大学
に滞在することになったことを伝えると喜んでくれたの
である。

　なお、上記の東京と大阪の講演会の様子や、彼の日本

での活動については、2016年1月末のハートネットTV（NHK、Eテレ）において『ジェームズとの対話』と題した2回の番組で紹介された。

　講演会での話によると、ジェームズ・マキロップさんは、1999年、彼が59歳の時、脳血管性の認知症だと診断されたとのことであった。彼は銀行員であったが、診断される数年前から人の名前や金額を間違えたり、仕事がなかなか終わらないといった問題が出始めていて、診断後は、仕事を辞めるとともに、自信を喪失してしまい、将来を悲観して鬱状態となり、何もすることがないままに家に閉じこもっていたそうである。

　その頃の彼は、奥さんや子供たちに攻撃的な行動をとることがあって、家庭生活が崩壊しかねない危機的な状況になっていたとのことだった。

　ところで、認知症の人の攻撃的な行動というのは、認知症の症状だと捉えてはならないことが知られている。その頃のジェームズは、将来への不安から、やり場のない不愉快な感情を抱えていて、それを身近にいた家族に向けてしまうことがあっただろうし、家族もまたジェームズのやり場のない感情にどのように対処したらいいのかが分からずに、逆に怒りを煽ってしまうこともあったのだろうと思われるからだ。

　こうした状況を変えるきっかけとなったのは、当時「アルツハイマー・スコットランド」の職員として福祉

の権利（ウェルフェア・ライト）の仕事を始めたブレン
ダ・ヴィンセントさんという一人の女性との出会いであ
った。

　なお、「アルツハイマー・スコットランド」は、日本
の「認知症の人と家族の会」に相当するようなチャリテ
ィー組織であるが、日本とは違って会費や寄付だけでな
く政府から多額の財政支援を受けており、多くの専門家
職員を抱えている独立行政法人のような組織である。

　ブレンダ・ヴィンセントさんは、ジェームズの年金の
手続きなどを手助けするために派遣されたのだが、こう
した手助けが本人ではなく家族に対してだけ行われてい
た当時のあり方に疑問を持ち、落ち込んでいたジェーム
ズをその後も幾度となく訪ね、彼の友人となって親身に
なって話を聞くとともに、彼が趣味にしていた写真を再
開することを勧めたり、「アルツハイマー・スコットラ
ンド」の資金集めのためのクリスマス前のバザーの準備
の手助けをジェームズに依頼するなど、ジェームズの自
信を回復させ立ち直らせるべく、さまざまな努力を傾け
たのである。

　なお、のちに彼女本人から聞いた話では、自分の母親
もまた認知症であったそうで、ジェームズは彼女が初め
て担当した人だったそうである。

　ところで当時はまだ、認知症に関わるさまざまな事柄
が認知症の本人抜きで決められていくのが当たり前とさ
れていた時代であった。当然のことながらジェームズは

こうしたことに強く反発し、認知症本人の参加を拒んでいた「アルツハイマー協会」の会議への参加を望んだこともあった。ブレンダさんはジェームズの意図を酌んで、ジェームズの希望を叶えるべく、（発言の資格はなかったものの）カメラマンとして会議の場に同席させる手助けをしたりしたのである。

　このようにして自信を回復し立ち直っていったジェームズが、「認知症本人の会」（ワーキンググループ）を立ち上げるにあたって協力したのは、もう一人の女性のヘザー・ウィルキンソンさんであった。

　彼女は、エディンバラ大学で社会福祉を研究しており、認知症の診断の告知が本人にどう受け止められたか、つまり認知症の診断告知の効果について、当事者である本人から直接聞き出すという方法による研究を進めており、ジェームズはこの研究に参加したのであった。

　当時は、認知症の人から聞き出した話などには意味がないと信じられていた時代であったが、この研究を進める中で、認知症の本人の声を伝える組織が存在していないことに2人は共に疑問を持ち、ジェームズはヘザー・ウィルキンソンさん（現在、エディンバラ大学保健学部教授）と共に、2002年、認知症の研究者や専門家、また「アルツハイマー・スコットランド」などの専門組織の人たちを集めた会議での研究発表に臨み、会議の成功をもたらすとともに、認知症の仲間たちを積極的に訪ねては、その必要性を説得していくことによって、世界で初

めての認知症の本人たちの声によって社会を変えていくことを目的としたワーキンググループ組織を立ち上げ、初代議長となって活動を開始したのである。

このワーキンググループのその後の活躍は目覚ましく、現在のスコットランドでは、認知症についての政策（言葉遣いなども含めて）は、すべて認知症の本人たちの了解のもとに決定されるようになってきており、認知症にやさしい社会づくりが急速に進んできている。

ちなみに、ジェームズのこうした社会貢献に対しては、2013年、グラスゴーにあるストラトクライド大学から名誉博士の学位が授与されている。

2．グラスゴー中央駅で出迎えてくれた
　　マキロップさん

ジェームズ・マキロップさんは、スコットランド最大の都市グラスゴーに住んでいる。われわれがスターリング大学に滞在し始めた頃は、彼はブダペストでの国際会議に出席するなど忙しくしていたのであったが、彼の帰国を待ってグラスゴーでお会いすることになった。待ち合わせ場所は、グラスゴーの中央駅。駅のホールに大きな時計があるので、その下に来てくれということだった。

事前にグーグル・マップで確認していたのであるが、改札口を出るとホールの天井に吊るされている大時計は、すぐにそれと分かった。こういう分かりやすい目印は、

認知症にやさしい環境としては重要である。それに、この駅のホールはゆったりとしていて、あまり混み合っていないのも認知症の人にとって良さそうに思えた。

　マキロップさんはまだ来ていないようなので、妻がちょっと外していた隙に、マキロップさんが現れた。顔はすでに見ているし、テレビで見たのと同じような格好をしていたから、すぐに分かった。背中にリュックを背負っている。

　私が挨拶すると、彼は「奥さんはいないのか？」と訊いた。私の妻はすぐにやって来たのだが、実は、彼は奥さんに案内されることなく一人でバスに乗ってやって来たのだった。彼の奥さんのモーリーンさんが病院に行くことになったので、あとで合流することにしたということであった。

　認知症の人は道に迷ったりしがちだから、遠くまでの外出には同伴者が必要になるのではないかと思っていたのだが、ジェームズは一人でOKのようだった。

　彼はわれわれが山歩きなどの自然が好きなことを配慮してくれて、グラスゴーの大きなポロック公園を案内してくれるという。駅のそばのバス停からバスに乗り、われわれの切符も買ってくれた。どうやら彼は認知症であっても、地元のバスについては支障がないようだ。

　実は、のちに知ったのだが、彼の自宅はこの公園に歩いていける距離にあり、よく馴染んだ場所をわれわれに案内しようとしてくれたのであった。

　最近は認知症の本人が書いた本が日本でも出版されている。こういう本を読むと、認知症の人にはバスや電車を乗り換えるのが難しいのだと書かれていたりした。また、スコットランドに来る前、「認知症の人と家族の会」の集まりを見学させてもらい、そこに（家族と共に）来ていた若年性の認知症の人に、バスや電車の利用についてなども聞いてみると、やはり乗り換えは難しいとのことだった。

　そこで早速ジェームズにも聞いてみた。するとバスの利用は、運転手が親切かどうかが重要なのだという答えだった。運転手が親切でさえあれば、乗り換えもできるとのことである。

　なお、のちにジェームズは自分が持っているヘルプ・カードを見せてくれた。ヘルプ・カードは名刺くらいの大きさで、その表には、私は認知症である（もしくはアルツハイマー病、あるいは記憶に問題がある）と書かれ、理解を感謝する旨、またカードの内側には連絡先などが書かれているものである。認知症の人は、外見的には分からないから、そうしたカードを見せることが役立つのである。

　ポロック公園のそばの下車すべきバス停は、ジェームズが教えてくれた。広大な公園で、森のような自然が残っている。一緒に歩きながら写真を撮ったりしたが、ジェームズもカメラを取り出して写真を撮り始めた。彼は普通の森の景色ではなく、苔の生えた倒木などに近づい

て、独特のアングルからシャッターを押したりしていた。ジェームズ・マキロップさんが独特なセンスを持つ写真家でもあることを伝えてくれた散策であった。

　この公園内には、かつてのグラスゴーの大富豪バレルが世界中から収集した美術品を展示した「バレル・コレクション」という名前の美術館がある。当日は閉館しているという彼の予想に反して開いていたので、中に入った。

　入り口部分だけは昔の教会のようであるが、中に入るとモダンな空間になっている。古い石造の教会建築の、彫刻された開口部などをさまざまに再利用しながら、グラスゴー市内の建物によく見られる赤い色の砂岩で広い壁面を仕上げ、十分に外光を取り入れることによって、モダンで明るい展示空間に造り上げた、なかなかにすばらしい建物である。

　中に入ると、内部へと導く広めの入り口通路の脇にトイレがある。ジェームズは、「トイレはここにある」とわれわれに教えてくれた。トイレが見当たらないというのは誰にとっても困ることだし、とりわけトイレを我慢することが難しくなっている高齢者の外出にあたっては、大きな気がかりでもあろう。とくに認知症の人は、場所を覚えておくことや案内サインを見つけ出したりすることが困難になっているわけであり、しかも人に尋ねるにしても簡単にできないこともあるだろうから、「認知症にやさしいまちづくり」においては、外出先に安心して

入ることができる分かりやすいトイレがあることは最重要だとも言えるだろう。ちなみに、ジェームズは常にトイレの場所をチェックしていた。

その時ジェームズ・マキロップさんは、認知症の診断を受けてから16年以上経過しているにもかかわらず、この建物の中で迷ったりすることはなかった。もっとも、美術館は基本的に一方通行になっているし、この建物は見通しが良くできているからだと思えるのだが、彼の認知機能が高く維持されていることに、のちに気づかされることになった。

バレル・コレクションの展示品は、すばらしいものであった。たとえば唐三彩の焼き物彫刻など、西安の博物館にあったものさえをも超えていたように感じた。しかし、ジェームズはそうした展示品を退屈だと言って、時々椅子で休んでいたりした。おそらく、彼はすでに何度も来ていて、これらの展示品はもう見慣れていたのであろう。

展示空間に隣接して、その下には温室のようなガラス張りの広いカフェがつくられていた。そこでコーヒーを飲みながら話をしようということで、そこに下りていった。あとで分かったのだが、ジェームズはコーヒー、それもカプチーノがとても好きな人だった。彼は早速、
「このカフェは認知症にやさしいと思うか？」とわれわれに尋ねた。

緑の公園が見渡せるガラス窓のそばに席が並んだ吹き

抜けの開放的なカフェの空間は、デザインとしては洗練されていたものの、周囲の多くは温室のようなガラス張り、床は黒い石貼りで、展示空間側の壁は赤い砂岩で仕上げてある造りだったから、それほど混んではいなかったとはいえ、人々の足音や会話の声などが響いてしまい、やや騒々しい環境である。認知症の人には、静かな環境が必要とされているから、ジェームズが問題にしたわけである。

　また、ジェームズはカフェへの出入り口が認知症の人にとっては分かりにくいことも、問題点として取り上げた。カフェへのアプローチは展示空間の通路から階段で下りていくようになっていたので、どこから下りてきたのかを覚えていないと、カフェのどちら側に歩いていっても館内には戻れない設計であり、案内表示も不十分であった。

　ジェームズはカフェにいた途中でトイレに行ったのだが、どうやら最初に教えてくれた建物の入り口近くにあったトイレまで往復してきたようであった。実は、あとでよく見ると、カフェの端にトイレの存在を示す小さな案内サインがあったので、彼はその近くのトイレを利用することもできたはずであることに気づいた。彼がそうしなかったのは、おそらくこのカフェが認知症にやさしいデザインになっていないことを物語っているのであろう。

　カフェの後は、公園内にあるポロックハウスに向かっ

ジェームス・マキロップさん（右）と奥様のモーリーンさん

　て歩き、途中で彼の奥さんのモーリーンさんが合流して、彼女の運転する車で、別のラウケン・グレン公園へ行き、公園内の池に面したレストランで一緒に食事をした。

　ジェームズが落ち着いた感じでゆっくりと話すのに比べると、モーリーンさんはとても快活で元気に話す人だった。

　ところでこの食事の時、ジェームズは日本で食べた日本食は不味（まず）かったと言っていた。NHKの番組や講演のために日本に来た時の食事であるから、不味い料理を出されたはずはないように思えたのだが、どうやら日本の霜降り肉が脂っぽく感じて、彼の口には合わなかったということらしかった。彼は、率直で衒（てら）いがなく、ユーモアに溢れ、そうでありながらわれわれに細かく気を遣っ

113

てくれる親切ですばらしい人だった。

3.「ライフ・チェンジ・トラスト」の 集会に出てみた

　ジェームズからは、「認知症の人とのコミュニケーション」について彼が最近書いた文章をメールでもらっていた。認知症の人とうまくコミュニケートするためには、どのような場所で会うのがいいのかとか、なるべく本人が快適な状態でいられることが大事だとかということから始まって、さまざまな注意すべき事柄を簡明にまとめた文章である。

　私の妻は、これを日本語に翻訳して、日本の関係団体などに使ってもらえれば、きっと役立つのではないかと考え、ジェームズに連絡してみたところ、この文章は直したり書き加えたりしており、近く最終版ができたら「ライフ・チェンジ・トラスト」という基金団体のホームページを通して公表する予定になっているので、この組織の担当責任者であるアンナ・ブキャナンさんに連絡をとってほしいとのことであった。

　そこで彼女に連絡すると、即座に快諾の返事をもらうとともに、近くこの基金が行っている大会があるので、参加してみてはどうかとの誘いを受け、われわれはぜひとも参加したいと申し出たのであった。

　ところで「ライフ・チェンジ・トラスト（LCT）」の

存在を最初に教えてくれたのは、スターリング大学社会学部の上級講師のリチャード・ウォード博士であった。彼は認知症にやさしい環境づくりについての全国的な共同研究に参加しており、この分野の情報に詳しかった。

　彼によると、イギリスにおける認知症にやさしい地域づくりといった新しい施策は、自治体などの行政が自ら手がけるのではなく、チャリティー団体などに資金を出して全面的に委託してしまうのが通例だそうで、政府はお金は出すが口は出さないのだそうである。現在、イギリスにおける認知症に対する取り組みの多くに非政府組織が関与しているが、中でも「アルツハイマー協会」がその中心を担ってきている。

「アルツハイマー協会」という名前であるが、アルツハイマー病以外にも、血管性認知症、レビー小体型認知症、前頭側頭葉変成症型認知症をはじめ、コルサコフ症候群、クロイツフェルト＝ヤコブ病、HIV関連の認知症、軽度認知障害、その他の稀少（きしょう）な認知症など、すべての認知症についてのケアと研究に取り組んでいる組織である。

　1979年に設立されたこのチャリティー団体は、イングランド・ウェールズ・北アイルランドに支部をつくっていったが、スコットランドでは姉妹組織の「アルツハイマー・スコットランド」が独立した活動を展開している。「アルツハイマー・スコットランド」は約7000名の会員を持ち、1000人ほどのスタッフと700人強のボランティアが活動を担っているチャリティー団体である。この団

体は、スコットランド全国60カ所に支部を持って、デイ・ケアを運営するなどのほか、スコットランド全域でさまざまな活動を展開しており、活動に使っている資金の７割近くにさまざまな公的資金が投入されている。チャリティー団体でありながらも、半ば公的機関とも言える組織である。

　なお、残りの３割強の資金は、イベントを開催しての資金集めによる寄付やその他の献金、遺産の贈与などで賄っている。

　したがって、スコットランドにおける認知症への非政府組織による取り組みは、全国的な大組織である「アルツハイマー・スコットランド」、およびその他数多くの（多くは地方的な）小さなボランティア組織によって担われているという構造である。

　イギリスでは認知症への意識と理解の向上、早期診断と支援、認知症と共に送る充実した生活を目指した認知症国家戦略が2009年に策定され、2013年末には世界に先駆けてロンドンでG8認知症サミットを開催したりしているが、国家戦略の実施にあたっては、日本のように上意下達として行うのではなく、さまざまな組織がさまざまな地域で行っている活動の主体性を尊重しつつ、政府は背後から財政的に支えていくという、日本とは幾分か違ったやり方のようである。

　こうした支援の一環としてスコットランドでは、2013年、日本の全国宝くじに相当する組織である「ビッグ・

ロッタリー・ファンド」から5000万ポンドの資金供与を受けてスコットランドに「ライフ・チェンジ・トラスト（LCT）」が設立され、介護された経験を持つ（障害者などの）若者の生活改善への取り組み支援とともに、認知症の人たちへの活動を行っているさまざまな地域組織への支援への新たな仕組みが導入されることになった。LCTの設立は、そうしたイギリス的、あるいはスコットランド的なアプローチだと言えるだろう。

　さて、スコットランドの「ライフ・チェンジ・トラスト（LCT）」の全国集会は、5月17日にパースの町で行われるという。パースは首都エディンバラの北に位置しており、グラスゴーやスターリングからも近く、北スコットランドの各地域からも便利な場所である。しかも、会場は駅前のステーション・ホテルということであり、鉄道を利用しての参加には至極便利。大都市ではないから車の駐車も便利であり、また、遠方からの参加者には宿泊も可能なわけであり、「ライフ・チェンジ・トラスト（LCT）」がさまざまな地方組織に配慮して開いた大会であることがよく分かった。

　この大会は、「ライフ・チェンジ・トラスト（LCT）」が支援している認知症にやさしいコミュニティづくりを行っている全国のさまざまな人たちが集まって顔合わせをする場であるとともに、さまざまな団体が自分たちの活動を発表し元気にアピールする場でもあった。

ところで、元気なアピールというのは、その空気感は
よく伝わったのであるが、ただでさえスコットランド独
特のアクセントが聞き取りにくい上に、ひどく早口で盛
りだくさんな発表になりがちだったから、われわれには
試練の場となった。

　ジェームズ・マキロップさんもこの大会に参加してい
た。われわれが事前に知っていた顔はジェームズだけで
あったから、彼が座っていたテーブルの反対側に座るこ
とにした。のちに、ジェームズに聞いたところでは、彼
も早口な発表は聞き取りにくかったとのことであった。

　この発表を聞いていくと、LCTは補助金をさまざま
な地域における著しく多様な活動に提供していることが
よく分かった。たとえばフード・バディーズ（Food
Buddies）という活動は、エディンバラの南にあるピー
ブルズという町で、食べ物を通じて認知症の人と家族を
支援していくことによって、認知症にやさしい地域づく
りを行っており、これを他の町にも広げていきたいとの
ことであった。

　具体的には、認知症の人や家族にとっては食べ物がス
トレスになっていることに注目し、こうした人々を助け
ようとしても、それにはスキルが必要とされるので、ク
ッキング・クラスを開いたり、家庭に出向いて料理のや
り方を支援したり、また、冷蔵庫を安全に保つコツとか、
一緒になって食べるコツ、楽しく食べるコツ、幸福感を
感じた食べ物を覚えておいてもらうためのコツなどを広

めているのだそうである。しかし、それには時間がかかるとのことでもあった。

　また、この活動組織はピーブルズの町にあるカフェやレストラン、さらには食料品店などを認知症にやさしくする取り組みを行いつつ、自分たちでもツリーハウスという小さなカフェにおいて、毎週月曜日に誰もが立ち寄ることができるコーヒー・セッションを実施しているとのことであった。なお、われわれは以前に何回かこの町を訪ねたことがあり、自著の写真集でも紹介したことがある美しい町である。

　次に発表を行ったのはDEEP（Dementia Engagement & Empowering Project）という団体であった。この団体の活動はスコットランドだけでなく、イギリス全土を対象に、さまざまな地域で独立した活動を行っている50カ所ほどの認知症の当事者たちの団体の間にネットワークを築き、互いの経験を共有しながら、影響力を高めていくための支援をしているのだということであった。

　定期的にミーティングを開き、若者たちを教育したり、スコットランドの認知症当事者のワーキンググループの声などを、イギリス全土で活動している学会や協会、また国会の委員会といった全国レベルにつなげるための機会を見つけ出したり、設けたりしているそうである。

「ライフ・チェンジ・トラスト（LCT）」からの補助金は、新しい活動団体の立ち上げや既存団体への支援、性的マイノリティーのための団体のネットワークづくり、

「認知症本人の会」（ワーキンググループ）のメンバー同士をつなぐためのiPadの供与などに使っているとのことであった。

　3番目の発表は、自宅を改修することによって認知症の人が長く在宅生活が送れるようにするというプロジェクトについてであった。

　家の改造とともに本人や家族に対するトレーニングや安全性のチェック、既存のサービスの利用法やサポートのあり方を考え、とくに転倒しやすい箇所などについては早めの対処が重要だということであった。

　改造といっても大掛かりなものではなく、鍵のつまみ、照明のスイッチ、トイレの便座、ドアなどのハンドル、食器類の取り替え、壁の色の変更などといった小さな改修が主であった。

　このプロジェクトは都市的な地域として東部のアバディーン、人口が少なくかなり辺鄙な地域である西部のロハベール地域、パースとアバディーンの間にあって都市的なところと田舎とが混在しているアンガス地域の3つの地域において、チームワークとして行われているとのことであった。

　昼食を挟んだ後の4番目の発表は、グラスゴー西郊外に位置するウエスト・ダンバートン地域において、認知症にやさしいコミュニティづくりを行っていく取り組みについてであった。

　認知症についてコミュニティを啓蒙していくにあたっ

て、多くの人々がバラバラであり、リーダーがいないといった状況に対して、行政や民間や第三セクターをつなぐネットワークを構築することによって警察や都市計画、各種のグループや役所、大学などをつないでいくとともに、認知症にやさしい商業地区をつくるために、薬局やNHS（国の医療サービス機関）、Co-operative（スーパー）、RBS銀行、住宅協会などに協力してもらったそうだ。

　これらの発表において、ジェームズ・マキロップさんの隣に座っていたアグネス・ヒューストンさん（ワーキンググループで活躍してきている認知症本人の女性）が積極的に質問していたことがわれわれの記憶に残っている。彼女は、自身の声をブログで伝えていくなど、この分野では有名な人であり、ワーキンググループの3代目の議長を務めた人でもある。

　この発表についての彼女の質問は、「銀行は他にもあるはずなのに、なぜRBSだけなのか」というものであった。発表グループの返答は、1つの銀行があれば十分だ、といったものだったように記憶している。

　この日の最後に行われた発表は、すでに1992年からスターリング市において初期〜中程度の認知症の人を対象に、ボランティアの人たちと共に認知症の人に向けた音楽やダンスといったリクレーションやサポート活動をしてきている「タウン・ブレイク」というチャリティー団体のものであった。この「タウン・ブレイク」について

は、この後でわれわれも2度、その活動の現場を見学してきたので、詳しくは、そうした様子も含めて、次の章で紹介することにしたい。

4. 認知症ワーキンググループの集会に出てみる

　ジェームズ・マキロップさんに3度目に会ったのは、認知症の当事者の人たちのワーキンググループの集まりの場であった。彼が設立した「スコットランド認知症ワーキンググループ（SDWG）」という組織が具体的にはどんなことをどのようにやっているかを、一度ぜひ見学してみたいと思ってジェームズに申し出たところ、出席OKとなったものである。

　なお、SDWGの会議は2カ月に1回、グラスゴーで開催されているということであった。すでに述べたように、スコットランドにおいて2002年に世界に先駆けて認知症の本人たちがワーキンググループを設立した契機は、認知症の人の家族や専門家の人たちには自分たちの声を発信するための組織があるのに、なぜ認知症の本人たちには自分たちの声を発信する組織がないのか、というジェームズの率直な疑問が発端である。

　ワーキンググループの目的は、認知症の人たちにとって差別的で不愉快に感じられる言葉を含め、さまざまに不都合な社会制度や環境条件を、自分たち自身が積極的

に発言することによって変えていき、認知症の人たちが
暮らしやすい社会環境を実現していくことである。

　こうした社会変化の実現手段としては、スコットラン
ド保健大臣とワーキンググループとの直接の面会が年に
2回、慣例化されたことが挙げられよう。
　ちなみに、少し前までは、「認知症の患者（patient）」
とか「受難者（sufferer）」といった言葉が頻繁に使われ
ていたのであったが、ワーキンググループでの討議の結
果、今では使ってはならない言葉とされており、さまざ
まな発刊物やマスコミにおける使用、国際会議の場など
からも排除されている。これらは「認知症の人（person
with dementia）」もしくは「認知症の人たち（people
with dementia）」という言葉に言い換えられているのだ。
　ところでワーキンググループ（SDWG）は、その設立
にあたり、あくまでも独立した組織でありながらも、
「アルツハイマー・スコットランド」という大きな（半
ば）政府的なチャリティー組織の中に組み入れられるこ
とを選択した。このことは、ワーキンググループが認知
症の人たちへの偏見を正すのに成功してきたことに大き
く寄与しているのではないか、と筆者は感じている。
　その理由の第1は、「アルツハイマー・スコットラン
ド」に属することによって、この大きなチャリティー組
織の助力を得ていることである。
　たとえば、われわれが参加したワーキンググループの

集会であるが、かなり直前になるまで、どこで開かれる
のか分からなかった。これを担当していたのは、「アル
ツハイマー・スコットランド」の職員で、ワーキンググ
ループの活動支援を担当していたスーザン・バーンさん
であった。われわれは彼女に連絡を取って、会場がどこ
であるか、また、どこに車を駐車しておけるのかといっ
たことを聞いたのである。彼女は、会場のセッティング
だけでなく、会議の段取りを整え、議事内容を記録した
り会議の場で出席者が話し合うのを助けたりもしていた。

　第2は、ワーキンググループ（SDWG）の声が、「ア
ルツハイマー・スコットランド」の活動に反映されるこ
とが期待できることである。

　たとえば、スーザンさんが記録した議事録などの内容
は、「アルツハイマー・スコットランド」に伝えられる
のであろうが、「アルツハイマー・スコットランド」は
認知症についての最大の組織であるから、このことは、
ワーキンググループが自分たちの声を、認知症に関わる
（半ば公的な）最大の組織に聞いてもらっているという
ことであり、このことは大きなメリットであろう。

　第3は、ワーキンググループ（SDWG）が発信しよう
としている声が、「アルツハイマー・スコットランド」
のさまざま広報活動や基金集めのイベント、またウェブ
ページなどを通じて、より広く社会一般の人々にも届け
られていくということである。こうした広報活動は、認
知症の本人たちが暮らしやすい社会環境を実現するべく

社会を変えていきたいという、このグループの目的にも
適（かな）っている。

　また、このことは「アルツハイマー・スコットラン
ド」の活動が、認知症の当事者たちからの声に基づいて
行われているということのアピールにもなっていること
であり、活動の正当性を物語るものになっている。した
がって、SDWGの存在は、「アルツハイマー・スコット
ランド」にとっても少なからぬメリットであろう。

　こうしたメリットは、スコットランド保健省にとって
も同様であろう。年2回の保健大臣との面会は、スコッ
トランド政府が認知症にやさしい政策を実行していると
いう絶好のアピールにもなるからである。

　ところで注意しておきたいのは、スコットランドにお
けるさまざまなチャリティー団体やグループ、さらには
NHS（国が運営している国民保健サービス）や地方政
府などは、決して競合的だったり排他的な関係ではなく、
互いに手を伸ばし合うような仲の良い協力的な関係にあ
るように見受けられたことである。こうした関係が築け
ているのは、スコットランドのシステムが、上意下達的
な関係になることを極力排しているからであろう。

　さて、われわれが傍聴させてもらった「スコットラン
ド認知症ワーキンググループ（SDWG）」の集まりは、
2016年5月26日、グラスゴーの中心地からクライド河を
挟んだ反対の南側の住宅地区にある教会の建物で行われ
た。

20人ほどが参加した会議は、大きな長いテーブルを囲んで行われ、われわれも参加者のようにテーブルに向かって座ることになった。各人の前には「発言したい（I want to speak）」と書かれた薄緑で縁取られた20cmくらいのカード、および赤色で縁取られた「助けてほしい（I need help）」と書かれた同様のカードの２枚が置かれていたのが、認知症の本人たちの会議らしいセッティングであった。

　会議の発言者は、まず緑のカードを掲げ、議長の指名を受けて話すというやり方である。赤色のカードは自分では上手に話せないが、発言はしたいというときなどに使うのであろうが、この会議では赤いカードを使う者は誰もいなかった。

　議長を務めていたのは、元警察官であったヘンリー・ランキン氏であり、２期目の彼にとっては最後の年だということであった。また、「アルツハイマー・スコットランド」の担当者のスーザン・バーンさんも、メモを取りつつ、会議の進行を手伝っていた。「ライフ・チェンジ・トラスト（LCT）」の集会で元気に発言していたアグネス・ヒューストンさん（SDWGの３代目の議長）は、残念ながらこの会議には出席していなかった。それもあって、会場全体の元気さがやや欠けていたように見受けられたものの、実務的に淡々と進められた落ち着いた雰囲気の会議であった。

　壁際のテーブルには、飲み物やビスケットなどが置か

れ、やさしい心配りがなされていた。また、会議の途中の昼食休憩には、サンドウィッチとスープが供された。部屋の外の分かりやすい位置にトイレがあったのも、認知症の人の集まりには必要な配慮であった。

　ところで、肝心の会議の中身であるが、皆の前でノートを取ったりするのが憚られたのでメモを取ることをせず、思い出せなくなってしまったといった理由もあるものの、実際のところ、議長が1つずつ議題を報告していき、それに2、3人くらいからの質問や応答を繰り返しながら進むという感じだけは分かったのだが、具体的な議題が何であったのか、それについてどのような話が交わされたのかは、ほとんど聞き取ることができなかったのである。

　もともとグラスゴーのような強いアクセントの、スコットランド英語の聞き取りには不安があったのであるが、ジェームズは、ゆっくりと丁寧に話してくれるのでわれわれでも聞き取ることができた。しかし、スターリング大学の認知症サービス開発センターに置かれていた認知症の人たちが話す場面を収めたDVDなどは、どれもほとんど聞き取れなかったのである。会議の発言ならもう少し分かりやすいだろうと甘く期待していたのが、間違いであった。

　考えてみれば、テレビ中継されている国会審議のような一般国民に向けたパフォーマンス性の高い会議でない限り、その内容は参加メンバーの間での共通の理解を

前提にして行われることが普通だろうし、もし、新しい議題があるとすれば、印刷資料などが配られるのが普通である。われわれには確認するすべがないが、もしかすると、SDWGのメンバーには、議題や資料などが事前にメールなどで配信されていたのかもしれない。

　全体会議の後は、２つのグループに分かれて、この会議の参加者の全員が自分の意見を述べる場が設けられた。話し合いのテーマは、認知症の研究へ当事者として参加することに関してであった。このテーマは、その１年前に取材されたNHKのテレビ番組の中でも討議されていたから、長いことホットに議論されているテーマなのであろう。このグループ別の話し合いの場では、われわれは一方のグループの後方に座って、メモを取ることができた。

　このテーマが長いこと話し合われている背景には、さまざまな認知症についての研究が、認知症の当事者を被験者として（通常、「被験者」とは呼ばず、「研究参加者」と呼ぶものの）行うというのが、近年の一般的な研究手法になってきていることがある。

　そこで、認知症の当事者がそうした研究に参加する場合に、認知症の本人に対してどのような配慮があるべきかという原則（あるいはケジメと言うべきか）を、SDWG（あるいは「アルツハイマー・スコットランド」）の立場として、あらかじめ研究者たちに対して表明して

おこうということのようであった。

　まず、「アルツハイマー・スコットランド」の職員の
スーザンたちが、①認知症の診断を受けた人が研究され
ることをどう思うか、そして、②もし貴方がその人であ
るとすれば何を望むか、という２つの質問を示した上で、
２つのグループに分かれての話し合いになった。

　この話し合いにおいては、People、Personalization、
Participation、Pathways といった‘Ｐ’で始まるいく
つかのキーワードが提示され、各参加メンバーがそれぞ
れ自分の意見を述べる、といった形で行われた。

　われわれが聞いた意見の中には、会いたい人に会える
ことや、他の認知症の人に会えること、といった（研究
における参加する上での）「質」の面を問題にしたり、
Pathway（通り道）には時間表のようなイメージがある
が、人によって違うということを指摘したり、家族など
の介護者に対するサポートの必要について質問したりし
ており、スーザンさんがメモをとったりもしていた。

　そばで聞いていたわれわれには、すでに「アルツハイ
マー・スコットランド」側によって原案が用意され、ス
ーザンさんが話し合いを仕切っていたようにも見受けら
れたのだが、のちにジェームズに尋ねたところでは、あ
くまでも主体は SDWG にあり、「アルツハイマー・スコ
ットランド」の職員のスーザンさんは補佐をしているに
すぎない、ということであった。

　このテーマは、長いこと SDWG の会議の場で話し合

われてきているのであり、民主的な手続きのもとに少数意見に細かく配慮しながら、少しずつ進化してきていたものなのであろう。

　われわれが傍聴していたグループの話し合いが終わってからも、もう1つのグループの話し合いが続いていた。すべての参加メンバーの意見を一人残らず聞くというのが、ワーキンググループ（SDWG）の基本方針のようであり、また、前述したように、参加メンバーの誰もが発言できるようにカードを用意していること、さらにグループの議長が持ち回り制であるのも、民主的な運営を非常に重視していることを示していた。なお、ジェームズは、2つのグループではなく、3つのグループに分けた方が良かっただろうとも言っていた。

　ワーキンググループの集会が終わった後、われわれはジェームズを車で送っていくことにした。われわれが驚かされたのは、ジェームズが集会の行われた教会からの道順を完全に憶えていただけでなく、どの車線を走ったら良いのかといったナビ役を完璧にこなしたことであった。

　ジェームズは随分と以前に、主治医からの通報によって運転免許証を取り上げられ、自動車の運転ができなくなり、そのことに悔しい思いをしたという。彼はそのことをウェブに書いていて、筆者はその文章を読んでいた。しかしながら、ジェームズは数年間全く運転をしていないはずなのに、かなり複雑な道を完璧に案内してくれた

のだ。

　彼の家からほど近くの商店街を通っている時、少し話そうということで、彼の行きつけのカフェに入った。この道に駐車するには、道に設置してある券売機で駐車券を買って、ダッシュボードに掲示しておく必要があるのだが、ジェームズは車を降りると、さっと駐車券を買ってきてくれた。

　そしてカフェに入ると、好物のカプチーノを注文し、その日のワーキンググループについての感想などを語るとともに、このカフェにはユージ（NHKの川村雄次ディレクター）と彼のクルーと来て番組を撮影したのだ、などと話してくれた。

　ジェームズは、われわれの目には、認知症の人には見えず、よく気を遣ってくれた親切な人である。しかし、われわれの友人である（スターリング大学名誉教授・認知症サービス開発センター初代所長の）メリーの話によると、ジェームズは自分の財布のお金が勘定できず、自分の靴の紐を結ぶことができないのだということであった。

　多くの認知症の本人たちは認知症だという自覚があり、さまざまな場面での助けを必要としている。しかし、傍から見ただけでは、どのような助けが必要なのかが分かりにくいのである。しかも、認知症の診断は、本人や家族に将来が見えない不安をもたらす一方で、必ずしも必要な助けが得られるようになるわけでもない。逆に、仲

間から排除されるという疎外感や、偏見を受けてしまう
ということも稀(まれ)ではない。

5. ブレンダさんに会う

　ジェームズに4回目に会ったのは、それから約ひと月
後に、グラスゴーの近郊の町マザウェルに、彼と共にブ
レンダ・ヴィンセントさんを訪ねた時である。ジェーム
ズが認知症の診断を受け、その後を悲観してひどく落ち
込んでいた時に、彼の気持ちを受け止め、元気づけ立ち
直らせるという重要な役割を果たしたのが彼女であると
いうことは、日本でのジェームズの講演会やその後のテ
レビ番組で聞いていたことであり、われわれはぜひ彼女
に会ってみたいと希望し、ジェームズを通じて頼んでい
たのである。

　さらに、彼女が現在仕事をしているのがマザウェルの
町だということも、われわれが訪ねたいと思った理由で
ある。というのも、われわれはメリーから、マザウェル
という町はすでに10年来、認知症にやさしいまちづくり
に取り組んでいるということを聞いていたからである。

　われわれは、まずジェームズをグラスゴーの自宅でピ
ックアップし、その後、ジェームズの道案内によってブ
レンダが働いているオフィスへと向かった。この時は高
速道路を使ったのであるが、前回と同様、ジェームズの
ナビは完璧であり、一度も道を間違えることなく、マザ

ウェルにあるブレンダさんのオフィスがある建物の前に
到着した。

　もともとブレンダ・ヴィンセントさんは、グラスゴー
において「アルツハイマー・スコットランド」の職員と
して福祉の権利（welfare rights）の仕事をしており、
ジェームズは彼女が担当した初めての人であったという
ことであった。

　しかし、マザウェルでは「アルツハイマー・スコット
ランド」ではなく、認知症の人や知的障害者といった、
自分の声で伝えることに不自由している人たちのために、
本人に代わって彼らの言いたいことをそのまま伝えるた
めの組織である「イコールズ・アドヴォカシー・パート
ナーシップ（Equals Advocacy Partnership）」というチ
ャリティー団体の責任者の仕事をしていた。

　なお、このチャリティー団体は、地方政府とNHS（国
の医療サービス機関）からの補助金によって財政支援さ
れ、「アルツハイマー・スコットランド」と緊密に連携
をとりながら仕事をしているとのことであった。

　ところでアドヴォカシーという英語の言葉は、英和辞
書に書いてある「弁護」とか「主張」といった日本語に
置き換えたところで、その意味を理解することは困難で
あろう。

　そこで、なぜブレンダ・ヴィンセントさんがアドヴォ
カシーの仕事を専門にすることにしたのかについて、若
干の付言を行っておきたい。というのも、彼女が初めて

の担当の仕事としてジェームズのもとを訪れ、若年性認知症の診断を受け仕事を辞めざるを得なくなった彼のために、年金や補助金の申請手続きなどの手助けをするべく派遣された当時、こうした手助けは本人に対してではなく、実は、家族に対して行われていたのであった。彼女は、自分の母親もまた認知症であったという経験を持っていたので、ジェームズの気持ちになって働くことができたということであった。

　認知症の人の生活に関わる事柄が当事者抜きで決められてしまうという当時のあり方に疑問を持つとともに、落ち込んでいた認知症の本人であるジェームズを立ち直らせようと、その後も幾度となく訪ね、友人として親身に彼の希望を聞き、さまざまな努力を傾けたこと、また、「アルツハイマー協会」の会議への参加を望んだジェームズの希望を叶えるべく、（発言の資格はなかったものの）カメラマンとして会議の場に同席させる手助けをしたりしたことなどは、すでに述べた。

　実は、彼女がジェームズに対して行ったような本人の希望に合わせた手助けこそが、まさにアドヴォカシーという概念に通ずるものなのである。そして、なぜアドヴォカシーという概念が認知症の人にとって非常に重要な意味を持つのかについては、のちにさらに詳しく説明していきたいと思う。

　しかしながら、まずはブレンダさんが案内してくれた、マザウェルにおける認知症にやさしいまちづくりの取り

組みを紹介していきたい。

　認知症の人にとって重要なことは、コミュニティとのつながりを維持することだと、ブレンダさんは強調していた。そのためには認知症への偏見を取り除くとともに、引き籠もることなく普通に生活していけるようにすること、それも質の高い生活ができることが重要なのだと言っていた。

　認知症にやさしい環境としては、認知症について理解した上で、何が障害になっているのかを知る必要があると彼女は言っていたが、たとえばスターリング大学の認知症サービス開発センターでは、長年こうした研究が行われてきていることを、付言しておくべきだろう。

　ブレンダさんは、トイレのデザインを分かりやすくす

左からブレンダ、ジェームズ、筆者。マザウェルにて

135

ることや、商店の店員が認知症の人を助けられるように応対すべきこと、そして、もちろん自分の住まいの環境は重要であり、介護ホームであれば建物のデザインだけでなく、庭やその匂いなども重要だと言っていた。マザウェルでは、薬局や ASDA というスーパーが認知症にやさしいデザインになっており、店員も訓練されているということだった。

　ブレンダさんがまず案内してくれたのは、「アルツハイマー・スコットランド」のマザウェルのオフィス（リソース・センターと呼ばれている）であった。そこで認知症フレンズ・プログラムの責任者であるアン・マックウィニーさんから、マザウェルにおける認知症にやさしいまちづくりについての説明を受けた。

　認知症フレンズ（Dementia Friends）とは、日本の認知症サポーターをモデルとして、イングランドでは2012年に、スコットランドでは2014年に始まったもので、スコットランドでは全土の公的機関や民間ビジネス、また小・中学校などがプログラムの主な対象である。マザウェルにおける認知症にやさしいまちづくりの資金は、電力会社が提供しているとのことであった。

　なお、日本の認知症サポーターは、すべての町が認知症になっても安心して暮らせる地域になっていくことを目標に、認知症を理解し、支援する人（認知症サポーター）を、１時間半ほどの簡単な研修によって大量に養成しようという取り組みであり、2005年に始まった。

　ところで、イギリスでは、こうした研修の場に出席しなくても、インターネットのウェブサイトに用意されているいくつかの動画の中から2つを選んで見ることによって、誰でも簡単に認知症フレンズになることができる。1つの動画は2、3分くらいであったから、ウェブサイトの場合は5分くらいで認知症フレンズになることができる。誰であれ、できるだけ多数の認知症フレンズを短期間に養成するというのが目的であれば、インターネットを利用したイギリスのやり方は、効率的で安上がりでもある。

　マザウェルにおける認知症にやさしいまちづくりの取り組みは、認知症の人への店員の応対スキルについて3時間ほどの実習訓練を受けさせるといったことのほか、店のデザイン（とくに店内の道案内やサインなど）を認知症の人に分かりやすく、またバリアフリーになっているか、などといったことを審査した上で、合格した店には「認知症にやさしい」ことを「アルツハイマー・スコットランド」が認定したことを示す円盤形の楯が供与されている。

　この「認知症にやさしい」ことを示すための円盤形の楯は、一種のロゴマークとして店のショーウィンドーなどに提示されているのだが、マークの図柄がやや複雑で一般には知られていないものなので、通行人には目立たないのが欠点かもしれない。仮にマークの存在に気づいたとしても、書かれている文字が目に入りにくく、何を

意味しているかが分かりにくい。また、仮にこのマーク
を知っていたとしても、注意して探さないと見落としかねないので、認知症の人にとっては、このロゴマークは
改善させる必要がありそうである。

　ちなみに、ジェームズは「認知症にやさしい」ロゴマークは、駐車場を示す‘Ｐ’のマークとか、トイレを示す男女の図柄のように、国際的に共通した分かりやすいものにすべきだと、この町を見学し終わった後にわれわれに語った。「認知症にやさしい」ことを伝える国際的なロゴマークをつくるというのは、ジェームズのすばらしいアイディアである。

　さて、マザウェルはすでに過去10年ほどにわたって、認知症にやさしいまちづくりの取り組みを実行してきているとのことであった。この取り組みが成功を収めてきたのは、地域（ノース・ラナークシャー）の自治体が協力していることが鍵になっていると、アン・マックウィニーさんは強調していた。

　ハード面のまちづくりを実行しているのは、自治体に所属するプランナーたちであり、町の中心商店街を歩くと、あちこちにベンチが置かれ、またバス停のシェルターには座り心地が良さそうなベンチが置かれ、通常のシェルターよりも大きめにつくられていたりするなど、認知症の人や高齢者にやさしい町の環境づくりが行われていることに気づかされた。

　さらに、認知症にやさしいまちづくりを進めていくた

めには、たとえば公衆トイレの案内サインを分かりやすく改めるといった些細な環境改善にしても、資金が必要となるわけであるから、自治体とのパートナーシップによる資金提供が欠かせないことを意味しているのであろう。

　ブレンダさんに案内されて、ジェームズとわれわれは「認知症にやさしい」という認証の楯を授与されている大手薬局チェーン店のひとつを見学した。

　この薬局では、認知症の人が薬の服用を忘れることがないように、1週間に飲む薬をトレイに入れて提供していた。このトレイは、曜日ごと、また朝・昼・晩・就寝前といった服用時間ごとに縦横に仕切られており、それぞれの仕切られた小箱の中に一回に飲むべき薬をまとめて入れておくことによって、飲むべき薬を取り違えてしまうとか、飲み忘れといったことが生じないように工夫していた。

　この薬局はかなり大きなものであったが、店内の案内表示を認知症の人に分かりやすくするための工夫が行われていた。こうした店内のサインなどの改善指導にあたっては、自治体のプランナーが関与しているとのことであった。

　認知症にやさしいまちづくりにおいては、認知症についての人々の理解を高め、商店などの店員を教育訓練するといったソフト面の取り組みとともに、一回に飲む薬

を小分けにしたトレイを用いるといった道具的な工夫、さらに物的環境を改善するといったハード面との共同が求められる。そのためには関係組織間や専門家間のパートナーシップが鍵になってくることが、この薬局の事例からも分かる。

ブレンダさんが最後に案内してくれたのは、スコットランドで初めて認知症にやさしいホテルとして認定された、アロナ（Alona）ホテルであった。このホテルは、マザウェルの西郊外、ストラトクライド湖に面した大きな自然公園の中につくられた近代的なリゾートホテルであり、彼女はわれわれを昼食に誘ってくれたのである。

このホテルは、館内の案内サインなどが大きな文字ではっきりと書かれており、トイレが分かりやすい位置にあり、道案内がしっかりとなされていた。

ここのレストランでは、通常の白いテーブルクロスを黒色のものに変えて、認知症の人たちのためのダイニング・クラブ（食事会）を定期的に行っているとのことであった。テーブルクロスを変える理由については尋ねなかったが、このイベントが行われているテーブルを明示するだけでなく、テーブルと食器類との色のコントラストをはっきりさせるためにも役立つのであろう。

また、このホテルは介護者に対するレスパイト・サービスとして、認知症の人の宿泊にも用いられているとのことであった。認知症の人が、リゾートホテルにショートステイできることは、介護ホームでのショートステイ

とは比べられない、認知症にやさしい取り組みだと言えるだろう。

　なお、スコットランドでは、介護者を休息させるために認知症の人を旅行させるというレスパイトも行われており、ジェームズもこうしたサービスを利用していると話していた。

　ブレンダさんを訪ねた帰りに、ジェームズはどこか行きたいところはないか、とわれわれに尋ねた。彼は、何かわれわれに語りたいことがあるようであった。

　われわれは彼の自宅に近いポロック公園内にあるバレル・コレクションの展示をもう一度見たいと申し出た。そして、前と同じように、カフェに立ち寄って話をしてくれた。

　そこで彼は、マザウェルが認知症にやさしい町になっているとは、それほど感じなかったのだとわれわれに語った。10年間にわたって認知症にやさしいまちづくりの取り組みをしているといっても、物事は少しずつしか進んでいかないから、ジェームズから見れば、まだきわめて不十分なのだということなのであろう。

　彼は、たとえば道の舗装や店内の床の色や模様などにコントラストがある場合、それが段差のように知覚されることがあるので、認知症の人は段差の有無を確かめるように恐る恐る歩くことになるのだ、と言って身振りで示してくれたりした。マザウェルの環境には、まだまだ

改善の余地があるとのことであった。

「認知症にやさしい」円盤形のマークに代えて、国際的に共通したシンプルで分かりやすいロゴマークを考えるべきだというアイディアを彼が語ったのも、この時だった。

6．アドヴォカシーという概念と
　「認知症の人の人権」

　認知症の人にとってはアドヴォカシー（advocacy）が重要だという。イギリス（あるいはスコットランド）では、アドヴォカシーという言葉はごく日常的な言葉のようである。

　イギリスでは、弁護士は事務的な弁護士（solicitor）と法廷の弁護士（barrister）に分かれているのだが、スコットランドでは後者の弁護士をアドヴォキット（advocate）と呼ぶそうであるから、本人を弁護する代理人といったニュアンスの言葉だということは分かる。

　しかしながら、日本語にはアドヴォカシーとか、アドヴォカシーを行う人を意味するアドヴォキット（advocate）という英単語に対応する日常的な言葉がないということもあって、筆者は、アドヴォカシーという言葉が、なぜ認知症の人にとってとりわけ重要な意味を持っているのかについて、なかなか理解できずにいた。

　ブレンダさんからもらったパンフレットには、アドヴ

ォカシーを経験した知的障害者や認知症の人たちが、ア
ドヴォカシーの重要性を訴えている DVD が付属してい
たので、眺めたりはしたのだが、やはり「分かった」と
いう感じにはならなかった。

　やっと分かった感じがしたのは、「ライフ・チェン
ジ・トラスト（LCT）」の認知症プログラムの責任者の
アンナ・ブキャナンさんから、認知症の人がアドヴォカ
シーを経験した実例をまとめたウェブサイトの存在を教
えてもらい、それを読んでからのことである。

　ちなみに、最初の実例は、82歳のＡさん（男性）が、
蘇生医療について法的な同意ができるのか否かを検査す
るために、かかりつけ医から紹介派遣された（医療を専
門とする）アドヴォキットの話であった。

　Ａさんは全く話すことができず、寝起きや食事に介助
を必要とし、施設に居住しており、車椅子で（医療）ア
ドヴォキットに応対したのであった。

　Ａさんは車椅子にうずくまって座っていたので、アド
ヴォキットの女性は、目でコンタクトして反応をみるた
めに、車椅子の前で彼の目と同じ高さに身を屈めて注視
したところ、彼の瞳孔は開いており、薬を投与されてい
たことが分かったそうである。

　彼女は、自分がどういう役割をもって、なぜ来ている
のかを説明したところ、話の内容は理解しているようで
あったものの、彼女の手を握り締めてくれと言ってみた

ところ、反応がなかったそうである。

　しかし、瞬（まばた）きをしてくれと言ったところ、素早く瞬き
をしたので、'yes' なら瞬きを1回、'no' なら2回し
てほしいと伝えたところ、10分も経たないうちに、正し
い反応を返すようになり、彼が知的能力を保っていること
とが確認されたそうだ。

　彼女がそのことを話すと、Ａさんは（やっと分かって
くれたことに対して、感激のあまり）涙を流したという。
コミュニケーションがとれることがやっと明らかになっ
たわけであるが、彼はすでに10カ月も施設に入居してお
り、施設のスタッフはＡさんには知的能力がなく、コミ
ュニケーションは不可能だと見做（みな）し続けていたのである。
（医療）アドヴォキットの女性は、法的権限のもとに、
彼の医療記録を取り寄せ、彼が血管性認知症の診断を受
けていたこと、また「問題行動」があるとのことで介護
ホームのスタッフから向精神薬を投与されていたことが
明らかになった。コミュニケーションが取れるようにな
ってからは、彼は自分のことを自分で決定できることが
明らかになり、その後はすべて順調に進んでいったとい
う。

　まずは3週間の（医療）アドヴォカシーに代わって、
6カ月間の（一般）アドヴォカシーが必要だということ
になり、とりあえず彼が決定したことは、かかりつけ医
に投薬を中止してもらうことだった。

　かかりつけ医は投薬の中止を直ちに決めるとともに、

（6カ月間継続する）一般アドヴォキットへの紹介手続きを行った。また、そもそも医療アドヴォキットが派遣された理由であった蘇生医療については、彼が望んでいないことが明らかになり、同意書の書き換えが行われた。

　投薬の中止とともに、Aさんは周りにすぐに反応するようになり、体の具合も良くなったそうである。彼は瞬きによるコミュニケーションを喜んで続け、（一般）アドヴォキットのサポートのもとに、自分の希望を伝えることができるようになり、昔から好きだったクラシック音楽を聴くようになり、新聞や本を読むことを再開することもできたそうだ。

　アドヴォキットは連絡なしで介護ホームにやって来るので、ホームのスタッフは常に訪問に備えていたそうだ。そうした環境で、Aさんは自分のことを自分で決めることができるようになるとともに、問題行動が消失し、介護も楽になったとのことである。

　アドヴォカシーは、介護ホームのスタッフたちにも多大な影響を与えた。このホームではすべてのスタッフが入居者の問題行動を理解するための研修を受けることになったそうである。これはAさんだけでなく、すべての入居者のケア改善につながったことであろう。

　アドヴォカシーによって、Aさんの残りの人生は劇的に改善された。もしアドヴォカシーがなかったならば、不必要な投薬が続き、周りの人とのコミュニケーションが取れないままに、彼は朦朧として車椅子にうずくまっ

ていただけの余生だったであろう。

　アドヴォカシーは、認知症の人が自分のことを自分で決められるように（一人の人間が一人の人間として扱われるように）手助けをすることが分かる。このことは「認知症の人の人権」を守るということにほかならない。

　ジェームズ・マキロップさんがワーキンググループを立ち上げたのも、（自分を含めた）「認知症の人の人権」を守るという動機があってのことであろうし、スコットランドでは「認知症の人の人権」を守ることが（障害者に対する差別や偏見を取り除くことと同じように）、社会正義の実現につながると考えられているように見受けられた。それゆえにアドヴォカシーという概念が重要となっていることが、ようやく理解できたように感じるのである。

　なお、スコットランドでは（6カ月間の一般）アドヴォカシーのサービスが終了してからは、「お友達」（befriending）という1対1のサービスが継続するようになっている。Aさんの「お友達」（befriender）は、彼が死ぬまで続いたということである。

　ところで「人権」というと、表現の自由とか政治・結社の自由といったことのほか、独裁国やテロ組織のみならず、民主主義国家においてすらテロ組織犯罪対策として行われている拷問とか、恣意的な逮捕勾留などとともに、現代社会における（インターネット上の情報記載な

どの）プライバシーの問題などや、食べ物、水、健康、教育、住まい、仕事、といった人間としての基本的なニーズのすべてに関係している。つまり、こうしたすべての事柄における「差別」の撤廃ということが、現代の「人権」の土台にある。

そもそも「人権」という概念は、尊厳や権利において、すべての人間は生まれながらに平等であり、誰もが無視されたりすることがなく、等しい敬意のもとに扱われるべきだという思想によって誕生したのであり、肌の色、人種、性別、年齢、宗教、障害者、性的マイノリティーといった理由での差別が次々に廃止されてきたという歴史がある。

中でも2006年に国連総会で採択された「障害者の権利に関する条約」は、障害者への差別禁止や障害者の尊厳と権利を保障することを義務づけた国際人権法に基づく人権条約であり、障害者への差別の撤廃が国際的な関心事であることを示した歴史的な出来事であった。

日本は2007年に同条約に調印し、2010年には障害者基本法を改正し、2013年には障害者への差別の解消を進めるための「障害者差別解消法」を制定し、同条約を批准した。

現在、認知症の人たちが取り組もうとしているのは、自分たちに関することは自分たちを抜きにして決めないでもらいたいという（国際的な運動としての）障害者の人たちが長年の努力によって獲得してきた人間としての

権利を、自分たちも実現していくということなのであろう。

　2017年4月末に日本の京都で行われた第32回国際アルツハイマー病協会国際会議の背景において、そうした世界的な思いがあるように感じられたのである。『私たち抜きに私たちのことを決めないで』"Nothing About Us Without Us"という障害者たちが長年掲げてきたモットーは、認知症の人たちにも引き継がれている。

コラム：イギリスと日本との文化的な違い
──「利益相反」について──

　アドヴォカシーという概念を、筆者がなかなか理解できなかったのは、イギリスと日本の文化的な違いに理由があるように思えるのだが、イギリス人にとっては当然であっても、日本人には馴染んでいない言葉に「利益相反（conflict of interest）」という概念がある。

　ところで「利益相反」が、イギリス社会において、いかに重要な概念になっているのか、そして、日本社会では全くと言っていいほどに等閑視されているのか、ということに気づかせてくれたのは、イギリスの不動産コンサルティング企業など、長年海外で働いてきた中島重喜氏である。

　筆者は数年前に（引率していった日本人学生に向けて

の）ケンブリッジ大学での夏期講習において彼の講義を聴き、その後も何回かメールをやり取りするなどして、このことを次第に強く意識するに至ったのである。

「利益相反」に対する考え方は、まさにイギリスと日本との文化的な違いを感じさせるものであり、たとえばアドヴォカシーを行うアドヴォキットがなぜ（認知症の人などの）クライアントから頼りにされ、信用され、委託されるのか、という疑問にも応えているように思えるのである。

　というのも、（認知症の人などの）代理となるアドヴォキットは、その気になれば悪いことができる立場の人であるにもかかわらず、信用され、頼りにされているのである。

　事実、アドヴォカシーについて書かれた文章には、認知症の人の成年後見人となっていた親族が、被後見人の財産を勝手に使い込んでいたことが、アドヴォキット（代理人）によって明るみになり、保護されたという事例も報告されていた。この場合、親族の後見人は頼りにならないことがあった一方で、委託されたアドヴォキット（代理人）は頼りになったということなのだ。

　アドヴォキットよりも分かりやすい普通の仕事としては、弁護士、顧問、会計士、医者、建築設計事務所、銀行、保険会社、不動産エイジェント、エンジニアリング・コンサルタント、などの（クライアントの代理としての仕事を行う）さまざまな専門職種の人がいる。

クライアントには専門的な知識がないので、代理人の彼らは、その気になれば悪いことができる立場である。それにもかかわらず、イギリスの組織は（しばしば海外からも）クライアントの委託を受け、信用され、頼りにされているのみならず、現代のイギリス経済の国際競争力の源泉となってもいる。

　その背景には、国際語としての英語や、高い職業倫理といったものがあるであろうが、その気になれば悪いことができる立場にさせないような（あらかじめ防止するような）仕組みが、イギリス社会にはつくられているのであり、その仕組みの核にあるのが「利益相反」の概念なのである。

「利益相反」とは、「2つの仕事、目的、役割などを同時に、平等に、公平に取り扱うことが不可能な状況」を意味する。

　中島重喜さんが不動産賃貸エイジェント事務所に勤務していた時に経験した事例では、彼の事務所がオフィスビルのテナント募集を担当していたところ、同じ事務所の別の部門がこのビルに入居したいという企業を紹介してきた時に、「利益相反」問題が起きたということである。

　彼の事務所は、できるだけ高く貸したいオフィスビル所有者側の代理としてのテナント募集を行っていたのに対し、事務所の別の部門ができるだけ安く借りたいクライアントの代理業務を行っていたのであるから、同じ事

務所が貸し手側と借り手側との両方の立場に立つことになり、公平な条件交渉ができなくなり、それぞれのクライアントの利益を損ねるという「利益相反」状況が生じてしまったのである。

　結局この時は、当該オフィスビルを借りたいと言っていた借り手側の代理業務を辞任することによって、利益相反を回避したとのことである。

　イギリス社会は「利益相反」に敏感であり、このことがイギリスの金融保険業やコンサルタント企業などの国際的な信用を高めているように思われる。学術論文などにおいても、「利益相反」がない、つまり、当該研究に関係を持っている組織などからの便宜を受けていない、といったことの宣言が記されていたりする。

　本書では、スコットランドにおける認知症への取り組みを紹介し、チャリティー団体などが大活躍していること、それが認知症の本人たちの希望にも添った活動を生み、多数の認知症ケアの最新知識を持った専門家を養成するとともに、各地で自発的に生じてきた多様な取り組みが、互いに切磋琢磨しながらも協力関係にもあるということ（つまり、お役所仕事にありがちな、別の機関や部署をたらい回しにされてしまうといったことが減り、できるだけ手を伸ばそうとすること）とともに、こうしたスコットランドの認知症にやさしいまちづくりの取り組みが、決して多大な財政負担を課するものではなく、むしろ（税金や保険料で賄うよりも）安上がりに進める

ことができること、したがって、財政状況の厳しい日本でこそ、チャリティー団体のような組織をもっと積極的に育成していくべきなのではないか、といったことをも提起したいと考えている。

しかし、日本の組織づくりを考えるにあたって、棘（とげ）となってしまうものが「利益相反」についての考え方だ。日本社会には「利益相反」という概念が欠落しているからである。

もちろん、日本にも会費や寄付金によって運営されている多数の非営利組織がある。しかし、こうした組織の多くは、組織の活動に関連している企業などに法人会員になってもらったり、基金や寄付金を提供してもらったりしている。

つまり、日本の非営利組織の多くには「利益相反」が生じている可能性があるのだ。「利益相反」が生じているのであれば、頼りにして、信用して、委託することは難しいであろう。

もし、認知症ケアの改善を目的とする組織の活動が、製薬会社からの寄付に依存しているならば、薬に頼らない認知症ケアを推進していくことができるだろうか？たとえば、（前述したＡさんのような）認知症の人に無料でアドヴォカシーのサービスを提供する組織であれば、その活動資金を製薬会社に頼るべきではないことは明らかだと思う。

思い返すと、われわれが訪ねたスコットランドのチャ

リティー団体などでは、「利益相反」のおそれのある企業からの寄付金などは受けていなかったことに気づかされる。

　財政状況の厳しい日本において、認知症にやさしいまちづくりを進めていくには、チャリティー団体とかボランティア団体のような非営利の組織を育成していく一方で、「利益相反」が生じない社会の仕組みをつくっていくことを併せて考えていく必要がありそうである。

第　4　章
認知症にやさしいまちづくりの
取り組みを見学する

1．認知症にやさしいまちづくりとは？

　認知症にやさしいまちづくりは、町の環境デザインといった「ハード面」に加えて、商店の店員やバス・タクシーの運転手など、町の多くの人々が認知症の人々への理解をもって対応してくれることや、さらには認知症の人々や家族介護者などへさまざまな支援活動が提供されているといった「ソフト面」によって支えられていく必要がある。

　前章に述べたマザウェル（人口33万人弱、グラスゴーの近郊都市）は、中心部のごく一部などを見学したに過ぎないものの、「ハード面」と「ソフト面」とを含めた、かなり総合的な認知症にやさしいまちづくりに取り組んでいるように見受けられた。

　しかし、「認知症にやさしいコミュニティ」あるいは「認知症フレンドリーな社会」などと言うときには、ややもすると「ソフト面」の取り組みだけに片寄っていることもある。

　この本では、従来（とくに日本においては）あまり語られてこなかった「ハード面」のあり方にも注目してもらいたいという目的があるものの、その際「ソフト面」を抜きにするわけにはいかない。この章ではスコットランドにおける「ソフト面」の取り組みのいくつかを紹介した上で、筆者が感じたことや考えたことなどに触れて

いきたい。

2．スターリングの「タウン・ブレイク」

　前章において、「ライフ・チェンジ・トラスト（LCT）」
の集会に出席して、さまざまなチャリティー団体などが
行っている「認知症にやさしいコミュニティ」について
の発表を聴いたこと、そして、その最後の発表がスター
リング市（人口４万6000人弱）における「タウン・ブレ
イク」であったことを述べた。

　実は、この集会での昼食休憩の際に「タウン・ブレイ
ク」の責任者のゲイル・バートンさんが筆者の席を訪れ、
自己紹介してくれたのである。われわれはスターリング
大学のキャンパスに住んでいたから、ぜひ一度見学して
みようということになったのだ。

　「タウン・ブレイク（Town Break）」は1992年からス
ターリング市で活動しているチャリティー団体であり、
「町のお休み」といった意味の名称である。初期〜中程
度の認知症の人たちを対象に「パーソン・センタード」
な（認知症の人を個人として尊重する）支援活動を25年
にわたって続けている地元の組織である。

　この団体の活動は認知症の専門家の間でも有名なよう
で、認知症ケア開発センターの初代所長だった友人のメ
リー・マーシャル教授も何回か見学したとの話であった。
とくに、認知症の人たちが陶酔したように表現力豊かに

ダンスする活動のシーンは、「ライフ・チェンジ・トラスト（LCT）」の集会においてビデオで紹介されたのだが、実に感動的なものであった。

認知症の人が引き籠もることなく、外に出て認知症に理解を持っている人々と触れ合う機会を提供するとともに、音楽やダンスなどの認知症の人が「できる」活動に焦点を当てることによって、認知症の人や家族が抱えている危機的な状況を軽減する役割を果しているとのことであった。

われわれは「タウン・ブレイク」が行っているコーヒー・クラブとデイ・クラブの２つの活動を見学させてもらった。コーヒー・クラブは、週１回、午後１時からの２時間ほど、デイ・クラブは、週３回、12時半頃から昼食を挟んで午後３時半頃まで、スターリングのコミュニティ病院のリハビリ棟において開催されている、認知症の人々が参加する集まりである。

責任者のゲイルさんは、とても元気でエネルギッシュな女性であった。彼女は３年ほど前からこの仕事をしているとのことだったので、この組織は発足以来、責任者を交替しつつ継続してきたことが分かる。

メリーの話では、以前は市内の中心にある教会を借りて行われていたとのことであったが、ゲイルさんの説明によると、病院が建物をタダで使わせてくれるようになったので、以来、お金を節約するために教会ではなく病院で活動を行うようになったのだということだった。

「タウン・ブレイク」に参加している認知症の人たちは約1500人とのことであり、毎週80〜100人がコーヒー・クラブやデイ・クラブに参加しているそうである。また、週に100回くらいの電話相談もあるとのことで、その他に、認知症の人のこれまでの個人的な関心とか趣味などを聞き出した上で、こうした関心や趣味に合ったボランティアの人を選んで1対1でお世話をする「お友達（befriending）」というサービスや、NHS（国の医療サービス機関）との提携による感覚刺激療法などを実施しているとのことであった。

　残念ながら、われわれが見学させてもらったコーヒー・クラブとデイ・クラブのどちらにおいても、認知症の人たちのダンスを見ることはできず、どちらも歌と音楽だったのだが、デイ・クラブでは認知症の男性の見事なバグパイプの演奏を聴かせてもらった。

　演奏者はアレックさんといい、彼は英国女王夫妻が毎夏滞在するスコットランドのバルモラル城の猟地を長年管理してきたという経歴を持つ狩猟の名人であり、またレスリングの名選手でもあったという。バルモラル城では、女王夫妻との食事の場に呼ばれることもたびたびあったそうである。バグパイプによる軍楽行進（ミリタリー・タットゥー）は、エディンバラ・フェスティバルの華だ。彼は、この一員としても活躍したという腕前の持ち主であった。

　アレックさんにはコーヒー・クラブの時に出会ったの

であるが、次のデイ・クラブではバグパイプを演奏することになっていると聞き、デイ・クラブにも出席したのである。

3．ボランティアの役割

ところで「タウン・ブレイク」の活動を担っているのは、「お友達（befriending）」だけでなく、コーヒー・クラブにおいてもデイ・クラブにおいてもボランティアである。しかし、日本のボランティア組織のように、すべてがボランティアによって運営されるのではなく、ゲイルさん自身を含めて、7名のスタッフがいるとのことであった。

われわれが訪ねた時には、ゲイルさんだけでなく、ブルガリア人のイヴォさんが親切に対応してくれた。彼は、ブルガリア出身の元力士の琴欧州について書かれたパンフレットをわれわれに手渡し、また、ブルガリアのバラのエッセンスのお土産をくれるなど、とても親日的だったことを付け加えておきたい。

ほかのスタッフとしては、サンドウィッチやお菓子・果物・コーヒーなどを用意し、皆に給仕したり食器などの片付けにあたっていたアシスタント的なスタッフがいたが、全部で7名いるということは、ゲイルさんを除いた多くがパートタイムのスタッフなのだとも考えられる。イヴォさんも、ほかの仕事もしているとのことであった。

　しかし、かなりのスタッフがいるということは、認知症の人と一緒に過ごすというのがボランティアの仕事というわけで、日本のように必ずしもボランティアが雑用的な仕事を引き受けるといった必要がないということを意味している。

　つまり、認知症の人に対するボランティアは、あくまでも認知症の人に対するサービス（車に同乗させることなどは含む）が中心であり、認知症の人の来訪に合わせてボランティアが来訪し、帰宅する時に（楽器の演奏のボランティアであれば、演奏が終われば）帰るのであって、準備や片付けなどといった余分な雑用は求められていないようであった。

　このことは、日本のボランティアに求められていることと大きく異なっているように感じる。日本のボランティア組織は、しばしば持続性や信頼性に欠けることが問題視されている。しかし、災害援助などの緊急時におけるボランティア活動などとは違って、認知症の人と家族に対する支援といった、長期にわたって取り組むべき活動にあたって、無給のボランティアを使って雑用的な仕事をさせるというのは、そもそも間違っているように感じられる。

　ボランティアは自分の気持ちや能力を社会のために発揮し、できれば自分自身を向上させつつ満足を得たいのであって、そうであればこそ無給の奉仕を引き受けるのである。退屈な雑用的な仕事であれば、「楽しくもない

し、やりがいもない」と感じた時点で、ボランティアを辞めてしまうことになるのはむしろ当然ではないだろうか。

　さて、コーヒー・クラブにおいて、ひときわ大きな美声を響かせていたのは、ボランティアのロビンさんであった。認知症の参加者のほとんどはスターリング市内からだということであったが、近くの村から来ている人もいた。

　歌は、ミュージック・ビンゴというゲームの形で行われた。ビンゴ盤と円形のチップが全員に配られ、皆が知っている馴染みの歌がCDプレーヤーから聞こえてくる。お喋りをしながらCDプレーヤーを操作し、皆を楽しませていたのは、当日参加した認知症の人の娘さんであり、彼女もボランティアであった。プレーヤーの音に合わせて皆が歌いながら、自分のビンゴ盤を確認しながらチップを置いていく。皆の中に座ったロビンさんの歌声に引っ張られる形で、皆がどんどん元気になっていくのが分かる。歌の合間には、お喋りの声も聞こえる。とても楽しそうだったのである。

　帰り際に、ロビンさんが数名の参加者を自分の車に乗せている時、ちょうど近くにいた著者の妻に語りかけた。「いま車に乗り込んだ彼は、こんなに笑顔にしているけれども、家に帰って歌うと彼の奥さんが、泣き出してしまうのだよ。そうすると、彼は再び押し黙ったままになってしまう」と言ったそうだ。「タウン・ブレイク」の

活動が、認知症の人にとって、いかに貴重な経験になりうるかを象徴するような話である。

　コーヒー・クラブの数日後に行われたデイ・クラブにやって来たのは、コーヒー・クラブのときとは違って、ほとんどが女性の参加者だった。筆者の隣に座ったアレックさんは、周りを見て「今日は女ばかりだ」と零していたものの、バグパイプの演奏を次々に披露してくれた。

　バグパイプは本物ではなく、電子楽器だった。多分、本物では息が苦しくなるのかもしれないが、指を細かく使ったパイプ演奏への集中力は衰えていなかった。

　サンドウィッチと飲み物の昼食の後、中心になって活動を盛り上げたのもまた、ボランティアたちだった。

　まず、高齢の女性ボランティアがピアノを弾いて、参加者に歌うようにと誘った。男性のボランティアのジョンさんは、美声の持ち主で、本物の歌手であり、皆の前に出て身振りを交えながら、ローマ時代のスコットランドがシーザーの侵略を撥ね返したという面白い歌詞の歌を歌った。また、前回のコーヒー・クラブと同様にミュージック・ビンゴも行われた。

　ジョンさんは奥さんを介護したという経験があり、それが「タウン・ブレイク」でボランティアを行う契機になったとのことだった。われわれはジョンさんとさまざまな会話を交わし、たしかボランティアの重要性について気づいたことなども話したと思う。

　のちにゲイルさんからのメールで、ジョンさんから聞

いた話として、ボランティアが重要なのはその通りであって、ボランティアを抜きにして「タウン・ブレイク」は成り立たないことを知らせてくれた。

　ボランティアには家族の介護を経験した人とか、ソーシャル・ワーカーとか看護師だった人もいるが、必ずしもそうした経験が必要とされているわけではなく、さまざまな人々が参加しているとのことである。

　しかしながら、すべてのボランティアは認知症ケアについての30時間の研修を受けるとともに、虐待などを防止するためにPVG（子供や高齢者といった脆弱な人々を保護するためのスコットランドにおける個人履歴の公開制度）によるチェックを受けて、ボランティアとしての適格性を保証しているそうだ。

　認知症の人のケアについての考え方は、近年大きく変わってきていることもあり、過去に認知症の人のケアに関わる職種についていた人であっても、最新の考え方やスキルについて事前に研修を受けることによって、認知症の人への「パーソン・センタード」な支援を可能にしているのであろう。

　なお、PVGによるチェックは、ボランティアだけでなく、給与が支払われる通常の職種においても行われている。日本でも、時折高齢者施設などにおいて職員による虐待事件がニュースになることがあるが、PVGはこうした虐待などをできるだけ未然に防ぐための仕組みなのであろう。

　ブルガリア人のイヴォさんは、ボランティアの研修に使われている冊子資料をわれわれに手渡してくれた。これらは NHS スコットランド（国の医療サービス機関）が出しているもので、表紙には「アルツハイマー・スコットランド」だけでなく（マキロップさんが立ち上げた）「認知症本人の会（SDWG）」のマークも記されていた。つまり、認知症の人たちのために活動するボランティアの研修には、認知症の本人たちの声が反映されているのだ。

4.「タウン・ブレイク」の 活動資金について

「タウン・ブレイク」には7名のスタッフと60名のボランティアがいて、週3回のデイ・クラブや「お友達（befriending）」の活動を行っているのであるが、7名のスタッフには年間約10万ポンド（1ポンド150円とすれば1500万円）の報酬が支払われているとのことである。

　ゲイルさんの説明によると、そのうちの3万9000ポンド／年をスターリン市が拠出し、「ライフ・チェンジ・トラスト（LCT）」からの助成金は5年間の合計で8万4000ポンドだということであった。

　ということは、市とLCTからの補助金を合計しても、スタッフの年間経費の半分強ほどを賄っているに過ぎないことになる。この不足分は、さまざまな基金からの援

助や、チャリティー・イベントを開いての資金集めなどによって充当している。

　チャリティー・イベントの開催は、活動資金集めの手段であるとともに、活動の意義を世間にアピールする機会でもあるので、小さな町の小さな組織であっても、また「アルツハイマー・スコットランド」のような大きなチャリティー団体でも、非常に重視していたことを付言しておきたい。

　ちなみに、「タウン・ブレイク」のホームページでは、資金集めのイベントを担当するボランティアの募集をしていた。

　ここで分かることは、「タウン・ブレイク」の活動によってスターリング市が、多大な費用を節約できていることである。

「タウン・ブレイク」は全体として2000人ほどの認知症の人を支援しているが、もし市が同じ支援を独自に行うのであれば、1人当たりの経費を年間100ポンドと見積もると、年間20万ポンドが必要とされることになる。実際は、3万9000ポンドを拠出しているだけなので、スターリング市は、20％弱の費用負担で済ませているという計算になる。

　こうした計算は、実はゲイルさんがわれわれに語ってくれたものであるが、ボランティア組織を公的資金によって支援していくことが、公的資金の節約につながるわけである。認知症の高齢者が急増している日本において、

いかにして介護保険などの公的資金を節約していけるのかといったことを考える際には、大いに参考になりそうである。

（なお、本章末のコラムでは、日本のボランティア組織「すずの会」の活動を紹介し、この点に触れておくことにしたい）

5．離島の町ストーノウェイを訪れる

スコットランドの西部には、多くの島々がある。これらの島々はヘブリディーズ諸島と呼ばれ、本土に隣接したインナー・ヘブリディーズ諸島と、その外側のアウター・ヘブリディーズ諸島に分けられる。ストーノウェイ（Stornoway、人口約8000人）は、アウター・ヘブリディーズ諸島の中では一番大きなルイス島（Lewis）にある、島嶼部における最大の町である。

スコットランド西部の海岸線は、氷河の浸食によって入り組んだ地形をしている。陸上の道が整備されていなかった昔は、主な交通手段が船であったから、先史時代の人々は本土と島々とを区別することなく船で行き来し、住み着いていたことが知られている。ちなみにルイス島には、巨石が林立している先史時代の遺跡が残っている。

われわれがストーノウェイを訪ねることにしたのは、スターリング大学の社会学部長、アリソン・ボウエズ教授から、この離島の町が認知症にやさしいまちづくりの

取り組みを行っており、遠隔地のプロジェクトとして北ノルウェー、スウェーデン、アイルランドとの共同研究の対象になっているので、訪問してみてはどうかと薦められたことである。

　われわれは、辺鄙な土地における認知症にやさしいまちづくりの取り組みがどうなっているのかをこの目で確かめてみたいと興味をそそられ、ぜひ訪ねてみようということになったのである。

　ところで、ストーノウェイはスコットランドの（あまり人口規模が変わらない）ほかの小さな町と比べて、どのような違いがあったのか、離島ならではの特徴とは何なのかについて、あらかじめ述べておきたい。

　第2章でも述べたが、ストーノウェイはその小さな人口規模（約8000人）にもかかわらず、さまざまなサービスや産業が立地した、独立性の高い町である。

　その理由は、この町がアウター・ヘブリディーズ諸島全体（人口2万7000人余り）の中心地として機能していることに加えて、スコットランド本土から遠く隔たっていることにある。本土の町であれば、小さな町に欠けているサービスや産業を、近くの大きな町や都市に頼ることが比較的容易である。しかし、ストーノウェイは、アウター・ヘブリディーズ諸島の最大の町であるから、この町に欠けているサービスや産業を、近くの大きな町や都市に頼ることは決して容易ではない。

　逆に言えば、離島の中心地であるストーノウェイは、

人口としては小さな町であるにもかかわらず、公共施設などが整備されているのみならず、さまざまな専門的なサービスや産業に対する相応の需要があり、経済的に成り立つのである。

　離島の小さな町というと、ほとんど何もないような寂れた町の姿をイメージするかもしれないが、事実は逆であった。ストーノウェイには何でもあるといったイメージの方が近いように思う。

　ところが交通については、やはり人口の少ない離島の不便さが大きな問題となっていた。ルイス島内の遠隔地からストーノウェイへのバスの便は週に１日だけで、それも朝・夕の２回だけのところが多いということであり、著しく少ない。スコットランドの国土面積や人口が北海道と似たものであることを考えると、車を運転できなくなった人たちに対する交通手段の問題は、離島に限らず、スコットランド本土にも共通する大きな問題である。

　なお、ヘブリディーズ諸島の文化的な特徴としては、（訪問した時には分からなかったものの）英語ではなく、ゲーリック語を母語としている人たちが多いこと、厳格なプロテスタント長老派を実践している教徒が多いことが知られている。

　ストーノウェイには、エディンバラ空港から飛行機も出ているが、われわれは島内を車で見て回るために、アラプール（Ullapool）という西海岸の町から出発するフェリーを利用することにした。

ところで、ルイス島はハリス島と地続きの1つの島である。しかし、訪れてみるとルイス島は小さな湖が点在する平坦地（へいたん）であったのに比べ、ハリス島の地域に入ると起伏に富んだ地形へと大きく変化したのである。地形の違いが1つの島を2つの島に分けて呼称している理由のようである。

　なお、かなり最近（1975年）まで、スコットランドの行政地域は、ルイス島とハリス島を分ける境界によって分けられてもいた。

　フェリーで到着したわれわれは、ルイス島の風土条件を理解すべく、島内を廻（まわ）ってみた。遺跡なども見学し、島の反対側にあるキャンプ場に1泊し、翌朝、ストーノウェイに戻り、「アルツハイマー・スコットランド」のオフィス（リソース・センター）を訪問した。

　サービス責任者のマリオン・マッキネスさんと、認知症フレンズ（日本の認知症サポーターに相当）の責任者のエレン・ドネリーさんから、この離島で行っている活動についての説明を受けたが、「アルツハイマー・スコットランド」はこの地で28年の実績があるということであり、現在12名のスタッフ、および（12歳の学童から80歳までの）幅広い年齢層にわたる80名のボランティアによって運営されているとのことであった。

「アルツハイマー・スコットランド」のボランティアになるためには、最低でも3日間の研修を受けることが必要だとのことであったが、スタッフになるには8日間の

研修（導入のビデオ・討論・実習からなる）が必要とされるそうである。

　こうした研修が必要とされているのは、認知症の人のケアには高いレベルの理解とスキルが求められていることを物語っている。日本でも、高いレベルの理解とスキルを持った専門的人材の養成というニーズに対して、認知症ケア専門士といった資格がつくられているものの、問われるのは実践的なスキルよりも座学的な知識であることに、スコットランドとの違いが感じられる。

　ストーノウェイの「アルツハイマー・スコットランド」では、リソース・センターとは別の場所にデイ・センターがあり、そこで35名の認知症の人を対象に、自治体の委託によって個人的なサポートサービス、および毎週月曜〜土曜の10:00〜14:30に通常のデイ・サービスを実施している。なお、2013年からは、この35名に加えて、リソース・センターにおいて、さらに50名の人々を対象とした（「タウン・ブレイク」と似たような）、認知症にやさしい地域づくり活動を開始している。

　ところで、こうしたスコットランドにおける認知症にやさしい地域づくり活動への参加費については、どの団体においても説明を受けることがなかった。また、これらの団体のホームページにも参加費についての記述はない。日本においては参加自体が無料であっても、食事代だけは別途に支払うことがほとんどだ（そうでないと、ボランティアが時間と労働以上のものを負担することに

なってしまいかねない）が、スコットランドでは普通の食品価格はかなり安いので、スタッフの人件費などに比べれば無視できるのだろう。おそらくスコットランドでは、お茶やコーヒー・お菓子・昼食といったものを含めて、無料で提供してこそ認知症にやさしい地域なのかもしれない。

6．認知症サポーターと認知症フレンズ、 どこに違いが？

　認知症フレンズ（Dementia Friends）になるための研修は1日だということであった。研修を受けることによって、商店の店員、銀行窓口の人、タクシー運転手、さまざまなボランティア、学校の子供たち、大学生（註：この町にはアウター・ヘブリディーズ諸島の人たちのための大学もある）などが認知症フレンズになり、証明書とバッジが与えられている。

　日本の認知症サポーターとの違いは、（少なくとも筆者が経験した）認知症サポーターの養成講座では、1時間の研修後にオレンジ色の腕章が渡されただけで、そのほかには何も求められることがなかったのだが、スコットランドでは、研修後にボランティアなどの活動などに応える用意があるかといった4つの項目のチェックを求めた上で、書類へ住所・氏名・メールアドレスを記載させるなど、研修の結果をその後の活動につなげようとし

ていたことである。また、研修対象者も、認知症の人々
との関わりのある職種の人たちを選んで行っているよう
であった。

　日本の認知症サポーター研修では、認知症の原因疾患
についての医師からの短い講義などがあったものの、ス
コットランドの認知症フレンズの研修においては、認知
症の「病気」についてではなく、認知症の「人」につい
て理解すべきであること（したがって、「認知症患者」
とか、「徘徊」とか、「攻撃的」などという言葉を使うべ
きではないといったこと）を第一に強調していた。こう
したことには、日本との違いが窺われた。

　なお、最近は日本でも、サポーターの養成講座に加え
て、認知症の支援者づくりのための自治体主宰の講座な
どを行い、ボランティア活動などにつなげていく試みが
始まりつつあるものの、この試みは順調には進んでいな
いようである。

7．ストーノウェイの認知症にやさしい
　まちづくりの取り組み

　ストーノウェイでは、認知症にやさしい取り組みをし
ている肉屋と薬局、スポーツ用具店、および図書館を見
学した。

　前章において、グラスゴー郊外のマザウェルにおける
認知症にやさしいまちづくりの取り組みを紹介したが、

どちらも「アルツハイマー・スコットランド」が行っている取り組みなので、認知症にやさしい店であることの認定マークである円盤形の楯なども、マザウェルと同じデザインのものである。肉屋と薬局、スポーツ用具店には楯がショーウィンドーに掲げてあり、図書館では、入り口ドアのガラスに丸いデザインのステッカーが貼られていた。

　この本では紹介する順序が逆になったが、実は、われわれはマザウェルを訪ねる前に、すでにストーノウェイを訪ねていたことをお断りしておきたい。もちろん、ストーノウェイ（人口約8000人）とマザウェル（人口33万人弱）では、人口規模（や市街地の広さ）に大きな違いがあるだけでなく、一方は離島、他方は大都市圏ということで、地理的な条件には（さらに風が強い日が多いといった気象条件にも）著しい違いがある。このことが、ストーノウェイの取り組みを国際共同研究プロジェクトとして行っている理由であろう。

　なお、マリオンさんは研究指導グループの一員だとのことであり、北ヨーロッパの４カ国の研究者や実務家が遠隔地についての経験・知見を共有していくことは、有益であるとの感想を持っていたことを付言しておく。

　ところで、肉屋や薬局についてであるが、認知症にやさしいまちづくりのための取り組みとして、これらの店の店員すべてに対して（認知症の人々についての理解を深めるための）研修を実施したとの話であった。しかし、

マザウェルとは違って、店内の環境デザインのチェックは行っていなかったようであった。

　肉屋は中心市街地からやや離れて立地するスーパーの脇にある独立店舗であり、１対１の来客サービスを行っている家族経営の店であるが、認知症についての研修を受けたことによって、どのような困難を抱えているかが分かるようになり、認知症の人を困惑させることなく上手に助けられるようになったということであった。

　また、薬局については、認知症の人が薬を管理する上での「認知症にやさしい」賞を授与されたとのことであった。

　ところが、同じくショーウィンドーに「認知症にやさしい」ことを認定した円盤形の楯が飾られていたスポーツ用具店では、中にいた店員に尋ねたところ、彼女は新しく加わった店員で、認知症の研修を受けていなかったことが分かった。

「認知症にやさしい」店としての認定の楯が飾られていたとしても、研修を受けた店員が辞めてしまい、新しい店員に代わってしまえば「認知症にやさしい」とは言えなくなる。肉屋の場合は家族経営の店であるので、（おそらく今後とも）「認知症にやさしい」店だと言えるのであろうが、普通に店員を雇っている店では、新しい店員は常に研修を受けた上で接客していく必要がある。ハード面のデザインであれば「認知症にやさしい」か否かは、認定マークで判（わか）るだろうが、接客といったソフト面

については、予想が裏切られることがあり得る。

　スコットランドの認定のロゴマークは、デザインが複雑で読み取りにくく、また一般にも馴染みがないといった欠点があることを前章で指摘したが、認定マークにはロゴのデザイン以外にも問題があり得ることに気づかされる。

　図書館は、ストーノウェイの中心地（歩行者専用の街区）に立地していた。図書館の司書の人は、環境デザインを分かりやすくすることの重要性を理解しており、認知症の人のためには書架の案内表示を改善する必要があることを指摘していた。

　この図書館は、たとえばブリッジ・オブ・アランの図書館に比べると、蔵書数がはるかに多かったことから、分かりやすい案内表示が必要なことが分かる。逆に言えば、肉屋や薬局（やスポーツ用具店）の店内は小さいので、店員が認知症の人を理解した上で親切に対応しさえすれば、案内表示などが問題になることはほとんどないのであろう。しかし、空間の規模が大きく複雑になれば、ソフト面だけでなくハード面（環境デザイン）においても、認知症へのやさしさが求められるはずである。

　この図書館には、落ち着いた静かなコーナーがあり、認知症の人を含め、すべての人に快適な空間になっているとのことであった。ストーノウェイでは認知症の人も図書館を利用しているとのことであり、彼らは借りた図書の返却を忘れることがあったりするものの、すぐに見

つかるので問題にはならないとのことであった。すぐに見つかるというのは、町の人口が少ないからでもあろう。

　この島の「アルツハイマー・スコットランド」では2003年以来、認知症にやさしい地域づくりの活動（認知症カフェ、歌のグループ、ウォーキングのグループ、園芸のグループ）を開始しているが、この活動のための資金は、資金集めのイベントの開催や、島内の風力発電事業者からの寄付金によって賄われているとのことであった。

　ルイス島とハリス島の地域には、４カ所で認知症カフェが毎月１回開かれているが、そのうちの３カ所は、風力発電からの寄付などによって最近開設されたということであった。認知症の人や家族や友人たちが、コーヒーを飲みながら互いに語り合える場所であり、「アルツハイマー・スコットランド」のスタッフから、認知症についての情報やアドバイスを受けられる場でもある。こうした認知症カフェは、日本でも最近各地に誕生しつつある。

　歌、（浜辺や森の）ウォーキング、園芸についての集まりが、ルイス島の各所において月に１回行われており、ハリス島の地域では、フェリーの発着地であるタルバートにおいて歌（音楽メモリー）の集まりが開かれているとのことであった。こうした活動の障害になるのは天候であり、とくに冬期においては開催が困難になることがあるということだ。

資金集めのイベントはさまざまな形で行われており、正月に海に飛び込む催しとか、ケイリー（ceilidh）と呼ばれる歌とダンスの集いとか、昼食会とか、マラソン大会とかが行われ、活動資金のための寄付金集めが行われるそうである。

8．認知症にやさしい地域づくり活動に関わる組織間の連携

　ストーノウェイの図書館などを見学した後、やはり中心地にあるアートセンター（An Lanntair）のレストランで昼食を取ることとなった。アートセンターは2006年にできた近代的な建物で、オーディトリアムや展示スペースのほか、カフェやレストランもつくられている。

　マリオンさんが事前に声をかけて下さり、昼食の場にはNHS（国の医療サービス機関）の計画責任者のエメリン・コリアーさん、および、認知症にやさしい地域づくり活動をしているポーラ・ブラウンさんが同席してくれた。この島における活動には、複数の組織が関わっており、これら組織が互いに手を伸ばし合っていることが分かる。

　エメリンさんは、マリオンさんと共に、遠隔地のプロジェクトの中心メンバーとして、北ノルウェー、スウェーデン、アイルランドとの共同研究を推進している当事者であった。

　ポーラさんは、「ライフ・チェンジ・トラスト（LCT）」からの資金によって、ルイス島における認知症にやさしい地域づくり活動を行っているとのことであった。ポーラさんは、島嶼地域での文化的な背景（たとえば海鳥を獲って、調理し、食べる習慣があることなど）を説明しながら、認知症の人々が手に覚えた記憶によって、柳の枝を編んでつくる籠づくりや、ジンジャー・ビスケットを使ったお菓子の家づくりなどの活動の写真などを見せてくれた。

　LCTは、「アルツハイマー・スコットランド」のような大組織には資金を出していないものの、マリオンさんとポーラさんは互いに助け合いながら、共同で活動を行うことがあるとのことであった。

　政府の保健医療組織であるNHS、チャリティー組織ではあっても1000人もの職員を抱え、公的資金によって支えられた半ば公的な全国組織である「アルツハイマー・スコットランド」、それにさまざまなボランティア組織などが、組織の大小や経営母体の違いにもかかわらず、「認知症にやさしいまちづくり」という共通の目標に向かって、互いに連携をとりながら、対等の関係で協力し合っているという、スコットランド社会のあり方が伝わってくるように感じた。

　なお、マザウェルでは、認知症にやさしいまちづくりにあたって、ハード面（環境デザイン）にも着目し、自治体の都市計画プランナーと連携していたが、ストーノ

ウェイでは、まちづくりのハード面には注目しておらず、都市計画プランナーとの連携は行っていないとのことであった。

9. 島のケアホームとデイ・センター

　午後は、ハリス島の中心地のタルバート（Tarbert、人口約550人）に２年前につくられたケアホーム（Harris House）を見学した。

　タルバートはスカイ島へのフェリーの発着地であり、ストーノウェイから車で１時間半ほど離れたハリス地域の中心地ではあるものの、小さな集落である。

　ケアホームは、２つのユニットとショートステイ１ベッドの、グループホームくらいの規模であった。ストーノウェイには、公営のケアホームが４カ所、民営が２カ所の合計６施設があるとのことであったが、認知症にやさしいデザインは、近年著しく進歩してきているから、タルバートに最近できたケアホームを見せたかったのだと思う。

　このホームには、眺めが良い庭があり、またベンチが置かれたバルコニーなどもあって、戸外スペースにも配慮した、認知症にやさしい最新のデザインで設計されていた。

　このケアホームには、ハリス地域で認知症にやさしいコミュニティづくりの活動である「歌のグループ」（認

知症カフェ）に参加しているボランティアたちが集まってくれていた。なお、「歌のグループ」のボランティアたちは、普段はこのケアホームではなく、近くのコミュニティ・センターで活動しているということであった。

　ストーノウェイでも、認知症カフェの活動は、デイ・サービスを行っているデイ・センターだけではなく、「アルツハイマー・スコットランド」のオフィスであるリソース・センターでも行っていた。

　リソース・センターは、工場などが立ち並ぶ通りに立地しており、庭がないのに対して、デイ・センターは中心地から少し離れた住宅地の一角の広い敷地に建っている。庭の一角にはさまざまなハーブやジャガイモなどが植えられており、認知症の人たちのガーデニング活動の場になっているとのことであった。また、デイ・サービスの活動に使われている部屋とは別に、自宅で生活する認知症の人々に役立つさまざまな機器類を展示していた部屋があった。

　総じてみると、ストーノウェイは離島の中心地であるがゆえに、スコットランドの他の小さな町に比べると、サービスが充実しており、認知症にやさしい地域づくりの取り組みも、たとえば筆者が住んでいる横須賀市では市民への広報活動などに終始しているのに比べると、かなり進んできているという印象を持った。

10. ストーノウェイの町のデザインを
   チェックする

　マリオンさんとエレンさんと別れたのち、われわれは
ストーノウェイの町が認知症の人にやさしくなっている
かをチェックすべく、中心部を歩いてみた。時間的には
夜になりつつあったものの、スコットランドの夏は陽が
長く、明るい街にはまだ多くの人たちがいた。

　そこで偶然に、エレンさんの旦那さんから声をかけら
れた。多分、エレンさんが帰宅後に、日本人を案内した
ことを彼に話したのであろう。小さな町ならではのエピ
ソードだと思う。

　ストーノウェイの中心部は海に突き出した部分にあり、
街路パターンは十字路になっているものの、街の規模が
小さく、特徴のある建物も残っており、通りの先には海
岸通りや停泊している船などが見通せる。誰にとっても
分かりやすい、認知症にやさしい町であることは確かで
ある。

　しかしながら、中心地の案内表示は、円柱の高いとこ
ろに付けられ、また、数多くの案内先が、細かい字で記
されているなど、（ミッチェルとバートンの研究によれ
ば）認知症の人には不親切なデザインであった。

　また、歩行者専用ゾーンの入り口の広場にあった丸い
円形のベンチは、水平の表面を透明な塗料で仕上げてい

るので、雨水が流れ落ちずに乾きにくいだけでなく、濡れているか乾いているかが分かりにくく、認知症の人には不親切なものであった。

　最も問題だと感じたのは、このベンチのある広場のそばの海岸通りに建っていた（有料の）公衆トイレであった。ほかの町の公衆トイレにも多かったのだが、（夏のスコットランドは夜10時頃まで明るいにもかかわらず）夕方6時に閉められてしまっていたことである。

　さらには、ベンチやトイレがもっとあれば、認知症の人が外出しやすくなるのではないかと思い、気づいた改善点についてマリオンさんにメールしたところ、都市計画プランナーと話し合ってみるとのことであった。

11.　認知症にやさしい田舎づくり

　ヘルムスデール（Helmsdale、人口約700人）は、ハイランド地方の中心都市（人口5万人弱）のインヴァネスからスコットランド本土の最北東岸にあるサーソー（Thurso、人口約9000人）やウィック（Wick、人口約7300人）といった港町に向かう国道の途中地点にある、ごく小さな町である。

　ところで、ハイランド地方というのは、スコットランド南部の低地（ローランド）地方以外の全域を指している言葉であるが、行政区域の名称としても使われている。行政区域としてのハイランド地方は、ハイランドの一部

ではあるものの、スコットランド本土北部の半分近くを占めるほどの最大面積の自治体である。

　ヘルムスデール川に沿ったこの地域（昔のサザーランド州）には、昔はかなり多数の小作農がいたとのことだが、19世紀の初めに、この地方一帯の地主（サザーランド伯爵夫人）から強制的な立ち退きを迫られ、多数の人々が移民として海外に旅立ったという歴史がある。土地を失った人々は新しい産業の漁業に従事するようになり、かつてはニシン漁で賑わったそうである。立ち退かされた人々のための新しい市街地が主要道路を挟んで、碁盤の目状に造られている。川の対岸には鉄道駅もある。

　町には、幹線道路や鉄道が通じているものの、ある意味では、離島のストーノウェイに比べてさえ、さらに辺

ヘルムデールの公衆トイレ。分かりやすい

鄙な土地だと言えないこともない。人口規模が小さいだけに不便であり、われわれが訪問したのは夏の観光シーズンであったにもかかわらず、観光客の姿は見られなかった。ヘルムスデール川にサケが遡上する秋のシーズンには、多くの釣り客がやって来るとのことであったが、いわば、スコットランド・ハイランド北東部海岸の寂れた小さな田舎町である。

　この小さな田舎町を拠点に、認知症にやさしい田舎のコミュニティづくりを手がけてきているのが、アン・パスコーさんである。彼女の夫のアンドリューさんは2006年、脳卒中で倒れ、右半身に麻痺障害が残るとともに（血管性）認知症の診断を受けた。これを契機に、それまで趣味のガーデニングを楽しんでいた引退生活が、突然に夫の介護者になるという人生の転換を迫られたのだ。

　彼女の夫のアンドリューさんは、本書の序章の最後のコラムで「認知症の人が攻撃的になる隠れた理由？」と題して紹介した「アンドリューさん」である。

　この遠隔の地においては、認知症の人や家族が受けられるサービスは何もなく、定期的な医療チェックを受けるためにもインヴァネスまで出向く必要があったのだそうである。

　彼女は1年ほど、そのまま運命を受け入れて暮らしていたのだが、その後、社会から孤立して認知症の夫の介護を続けるのではなく、同じような境遇の仲間たちと共に歩むべく立ち上がることにしたという。

しかし、最初は誰も彼女の話をまともに聞いて協力してくれようとはしなかったということだった。4年ほど、そうした孤立した境遇の中で、彼女は認知症について自分なりに勉強し、さまざまな介護モデルなども研究したそうだ。

やがて国内および国際会議などで発言するようになり、2012年にはハイランド行政地域での認知症にやさしい田舎のコミュニティづくりの社会団体を立ち上げ、ウインストン・チャーチル奨学金を得て、夫と共にインドのゴアとケララを7週間訪問し、台北にも1週間滞在して国際アルツハイマー病協会の国際会議に出席したりし、そうした経験をブログで人々に伝えたりした。

彼女は2014年、スターリング大学で、認知症についての修士号を取得している。同年にはG8認知症サミットがロンドンで行われたが、その後に設立された首相主宰の田舎の認知症グループのメンバーに彼女は選ばれた。「アルツハイマー・スコットランド」や「ライフ・チェンジ・トラスト（LCT）」といった重要な組織のアドバイザーともなり、2015年にはNHSハイランド（国の医療サービス機関のハイランド地方の支部）の非執行理事に任命されている。

2015年7月10日のテレグラフ新聞の記事において、アン・パスコーさんは、認知症の人に対するまともで正しいケアというものが、イギリスには欠けていると訴えている。

　これは彼女の経験だけによるのではなく、「アルツハイマー協会」が1000人の家庭医に対して行った調査によっても、NHS（医療）と社会ケアの協力が欠けているために認知症の人が十分なサポートを受けていないと考えている医師が5人のうち3人に達しており、医療や社会ケアのシステムが複雑なために人々が放置されていると考えている医師が73%に達していることによって裏付けられているそうである。

　筆者はスコットランドが認知症にやさしい取り組みにおいて進んでいるように感じていたのだが、必ずしもそうとは言い切れないようだ。とりわけ遠隔地においては、改善していく必要があることを彼女は訴えているのだ。前述したストーノウェイのような離島の中心地は、むしろ例外なのかもしれない。

　ちなみに、ヘルムスデールから30km ほど南にあるゴルスピーの町（人口約1650人）には、「アルツハイマー・スコットランド」のチャリティー・ショップが表通りの中心に立地している。このショップは認知症についての公的な機関として機能している「アルツハイマー・スコットランド」の情報やサービスの拠点として位置づけられるのであろうが、ボランティアだけで運営されており、専任の職員は一人も配置されていない。人口の少ない遠隔地ではサービスが手薄くなってしまうのは、やむを得ないことなのであろう。

　ところで、アン・パスコーさんは、スコットランドに

おいて2015年に始まった、診断後の１年間、認知症の人と家族を１対１でサポートし、認知症の人と家族が今後の生活に備えられるようにするというサービスについても、理論上はすばらしく聞こえるものの、現実には必ずしもうまく行っているわけではないことを指摘している。

　というのも、最初の１年くらいはパニック状態になってしまい、どこに行こうとか、何をしようとかが考えられないことが普通で、本当にサポートが必要になったときには、１年間のサポート期間が終わってしまっていることになりがちだからだそうだ。認知症は長く続いていく病気なのである。

12. ウェル・ビーイング・ハブと
##　　 ファンド・レイジング・イベント

　われわれは実は２回、ヘルムスデールを訪れた。１回目はストーノウェイに行くためにフェリーターミナルがある西海岸のアラプール（Ullapool）に行く時に、回り道をしてゴルスピー（Golspie）やブローラ（Brora）などといった東海岸の小さな町などを見学するために立ち寄った時であり、２回目はヘルムスデールのコミュニティ・センターで行われている認知症の人のための活動（ウェル・ビーイング・ハブ）を見学し、その翌日の資金集めのイベントを見学するために現地のホテルに一泊した時であった。

　ウェル・ビーイング・ハブ（Well-being Hub）という活動は、「幸せの中心」といった感じの名前であり、55歳以上の認知症の人を対象に、月・水・金の週3回実施している。コミュニティ・センターは、町の中心の通りに面しており、われわれが訪ねた金曜日には、9名が参加していたが、ヘルムスデールからの参加は2人だけで、残りは他の町からだということであった。このコミュニティ・センターの脇には、2台のコミュニティ・バスと車体に書かれたマイクロバスが停車していたから、他の町からの送迎に使われるのであろう。

　活動のテーマや内容はその日ごとに変わっており、当日はケイリー（ceilidh）と呼ばれる歌とダンスの集いの日であったが、アン・パスコーさんは所用のために不在であった。

　午前11時に、お茶から始まった。途中、向かいの席に座っていた男性がわれわれに声をかけ、アン・パスコーの夫のアンドリューだと自己紹介した。彼は、自分が10年前に脳卒中で右半身不随になったこと、そして認知症と診断されたということをわれわれに語った。筆者は彼の右手を握ってみたのだが、確かに動かせないだけでなく、感覚がないようであった。

　彼の英語にはスコットランド訛りがなく、聞き取りやすかった。彼は「自分が描いた絵が上の階にあるのだが、見てみないか？」とわれわれを誘ってくれた。アンドリューさんは杖をついて歩き、階段を上っていって自分の

絵を見せてくれた。

　1つは小さな家が建つ風景画で、もう1つは狐（きつね）の顔の絵だった。普通の絵と違っていたのは、粘土を使って少し立体的に表現していたことだった。風景画は真ん中の家だけが盛り上がっており、狐の顔はレリーフのようで、口の周りのひげには針金が使ってある。われわれが「面白い」と言うと、彼は「普通に描くのでは、つまらないからね」と少しばかり得意げであった。

　アンドリューさんには、杖を使って階段を下りるのはつらいのであろう。階段は使わずに、エレベータで下の階に下りて部屋に入ると、3人のボランティアの演奏家が集まってきて、やがてキーボード・バイオリン・アコーデオンの合奏が始まった。スタッフのウェンディ・シモンズさんが、音楽に合わせて参加者をダンスに誘ったりしていた。アンドリューさんは、「彼女はダンスが得意なんだ」と言っていた。

　ウェンディさんは、この仕事以外に、ブローラの町で仕事をしているとのことであった。スタッフは、パートタイムであり、曜日に合わせて自分が得意としている活動を行っているのであろう。

　スタッフが雇えるようになったのは、2015年に、「ライフ・チェンジ・トラスト（LCT）」からの補助金が出たことによるそうで、それまではボランティアに依存していたとのことである。

　そうなると心配になるのは、LCTのプロジェクト終

了後の「認知症にやさしいコミュニティづくり」のこと
であるが、この点については、章の最後で触れたい。

　３人のボランティアたちは演奏を終えると、そのまま
帰ってしまった。そして昼食の時間が始まった。昼食の
提供も、このウェル・ビーイング・ハブの活動目的のひ
とつであるようだ。この日は、フィッシュ・アンド・チ
ップスであった。

　食事の時、アンドリューさんは、EU脱退の国民投票
の結果、新しく選ばれたメイ首相のことを話題にしてい
た。彼は昔、彼女の家の近所に住んでいたことがあるそ
うで、彼女なら大丈夫だと、新首相を歓迎していた。ま
た、この地域の歴史などについてもいろいろと教えてく
れた。彼が認知症だとは考えられないような話しぶりで
あった。

　食事が終わると、家に帰る人もいたが、帰らずにボッ
チャというゲームをやる人たちもいた。ボッチャはパラ
リンピックの競技にもなっている、誰にでもできる室内
スポーツだ。

　参加者が帰った後、アンドリューさんは活動の部屋に
置いてあったタッチ画面式の大型スクリーンを巧みに操
作してみせてくれた。タブレット・コンピュータが大型
画面になったような機器である。当日の活動には用いら
れなかったものの、さまざまな用途に使うことができる
とのことで、扱いやすい機器のように見受けられた。

　部屋からは小さな外の庭に出ることができ、そこでは

ガーデニングの活動を行うとのことであった。ウェンディさんが、われわれを案内してくれた。彼女は、活動の部屋に接した収納部屋も見せてくれた。そこにはさまざまなゲーム用具などが収納されていた。

　しかし、実のところ、この一日だけの見学ではあまり多くのことは分からなかった。前述したスターリング市の「タウン・ブレイク」に比べると、参加者の人数が少なかったこともあって、盛り上がり感にやや欠けていた印象を受けたからでもあろう。

13. ファンド・レイジング・イベント

　翌日は、コミュニティ・センターで、ファンド・レイジング・イベント（資金集めの催し）が行われた。

　われわれはアンさんに会うためにコミュニティ・センターを訪れたのだが、まだ来ていなかったので、その先にあるタイム・スパン（Time Span）という博物館を訪ねてみた。この地方の昔からの歴史を伝える品物がたくさん展示してあり、思ったよりも時間を使ってしまった。

　コミュニティ・センターに戻ってみると、ファンド・レイジング・イベントの準備がかなり進んでおり、すでに多くの人が集まりだしていた。

　コミュニティ・センターは、ヘルムスデール川に沿った道に向かった傾斜地に建っていて、建物の地階がホールになっており、その前がかなり大きな芝生の庭になっ

ている。芝生の庭では、ファンド・レイジング・イベントの目玉である「ドッグ・ショー」の準備が進んでおり、さまざまな犬種の犬たちを連れた人々が集まってきていた。

　屋内のホールでは、バザーのためのさまざまな品物を売るためのブースがつくられていた。ホールの奥では、お茶とケーキを売っていた。アンドリューさんは、（多分、自分が使っていた）絵の額縁を売っていた。奥さんのアン・パスコーさんは、少し離れたところでガーデニングのための苗木を売っていた。

　ドッグ・ショーが始まる前に、アンさんとは少しだけ話をする機会が持てた。彼女は、自分が始めた活動は決して容易な道ではなかったと語った。前述したように、初めは誰も自分の話を聞いてくれなかったのだそうで、ウインストン・チャーチル奨学金を得てインドに滞在した経験や、スターリング大学で（認知症の）修士号を取ったりして、やっと人々が聞いてくれるようになったとのことだった。彼女は博士号を取ろうかとも思ったそうである。

　筆者は、ヘルムスデールの町のデザインについて、アンさんがどう思っているかを聞いてみた。彼女は、川に面した道から上の道が坂になっていることを問題にしていた。たしかに車椅子の人たちにとっては、人の手を借りずに坂を上り下りすることは困難だろうし、この勾配をもっと緩くするような工事を行うことも難しいのであ

ろうと思われた。

　しかし、筆者が気になっていたのは、認知症にやさしい環境にしていく上で、ヘルムスデールには公衆トイレがちゃんとつくられていたにもかかわらず、お店などが少ないことであった。人口が少ないので無理からぬことであったが、いかにも近年になって寂れてきたという印象の町だったのである。

　そこで「この町の食料品屋で時々買い物をすることはあるのか？」とアンさんに聞いてみた。コミュニティ・センターがある通りを少し進むと食料品屋があり、その向かい側にはフィッシュ・アンド・チップスの店があった。昨日の昼食はもしかするとこの店から届けられたものかもしれないし、食料品屋にも時々客が入っていくようであった。

　ところが彼女は、この町の食料品屋で買い物をすることはないとのことであった。彼女とアンドリューさんは、町から少し離れた小さな村のポートゴーワー（Portgower）に住んでいるが、この町のコミュニティ・センターには頻繁に来ているはずである。

　この町の食料品店は高いというのが理由であった。この辺りには大型のスーパーはないが、全国チェーンの大型スーパーの宅配サービスを利用すれば、価格が半分くらいだそうだ。そうなると、この町の食料品屋には、近所の人がちょっとした買い物には来るであろうが、高く売らないと成り立たないだろう。高ければ客が減り、客

が減れば店が潰れてしまい、町が寂れていく。

　町の経済活動が衰えてしまった場合、都市計画によって町の衰退を食い止めていくのは、一般に容易ではない。人口の少ない農村部において「認知症にやさしいコミュニティづくり」を行っているヘルムスデールは、その例であろう。

　遠隔地の小さな町であっても、観光客がやって来たりすれば、街に活気が生まれ、認知症の人が家に引き籠もることなく、積極的に街に出ようとするインセンティブになるのではないかと思うのである。

　というのも、たとえば西海岸にあるアラプール（Ullapool）という町（人口約1500人）では、町のパーキングには多くの観光客の車が駐車していただけでなく、バスツアーの外国人観光客などもやって来ており、レストランやカフェなども賑わっていたからである。

　認知症にやさしいコミュニティづくり活動を積極的に行い、遠隔地の問題などについての厳しい苦言を呈しているアンさんは、まちづくりのソフト面については関心を持っていても、町の環境デザインというハード面や経済活動といった都市計画や地域づくりなどとの関わりについては、見逃しているようだったのである。

　ところで、この町でも都市計画や地域づくりなどについては、自治体がそれなりに力を入れていたことを述べておかねば誤解を招きかねないだろう。ごく小さな町にもかかわらず公衆トイレが整備されていたことは前述し

たが、廃屋になっていたホテルなども外観がきちんと維持されていたのである。またネットを見ると、新たに50人ほどの雇用を生み出すための工場の新設計画なども謳われていた。

さて、ドッグ・ショーであるが、見物客の前には自慢の犬たちが次々に登場しては芝生の庭を練り歩いていたものの、スコットランドの気候はとても変わりやすい。急に雨が降り出してしまい、夏だというのに晩秋のように寒くなってしまった。

地元の人たちは慣れていたようだが、われわれには我慢の限界であった。体が冷えてしまったわれわれは、早々にアンさんとアンドリューさんに別れを告げて、この北の遠隔地を後にしたのである。

14. 遠隔地における「認知症にやさしい 地域づくり」の特徴とは？

ところで遠隔地のヘルムスデールにしても、離島のルイス島にしても、認知症の人々のための活動そのものは、たとえばスターリング市の「タウン・ブレイク」と同様のものである。認知症の人たちが集まり、お菓子を食べながらお茶を飲み、昼食を共にしたりするとともに、一緒に歌を唄ったり、ゲームをしたりなどといった活動である。集まりの場に庭があれば、ガーデニングなどを行って屋外の自然に触れ合うこともある。こうしたデイ・

サービスの活動は、都市においても田舎においても同様のものである。

　しかしながら、「ハイランド地方での認知症にやさしい田舎のコミュニティづくりの（アンさんが設立した）社会団体」が出しているパンフレット（スターリング大学のウォード博士が作成に関与したとのことである）において、田舎のコミュニティづくりとして強調しているのは、認知症の人の「外を歩き回る自由」であった。

　もちろん、都会で育った人々にとっても外を歩き回れることは重要であり、第1章において紹介したミッチェルとバートンによる認知症にやさしい環境デザインの研究は、まさにそのことに応えた研究である。認知症の人を家の中に閉じ込めてしまうのは、認知症の人の「自由＝人権」を奪うことになりかねないからだ。

　しかし、田舎で育った人々は、子供時代からずっと周りの自然環境に触れながら生活してきているので、田舎の環境において歩き回るということは、町や村の中の小さな範囲ではなく、広い自然の中を歩き回ることを意味する。したがって、もし自然の中で道に迷って行方不明になれば、冷涼な気候のスコットランドでは凍死に至る危険すらある。家族などの介護者にとってみれば、自然の中を歩き回るというのは、非常な心配事である。

　パンフレットが推奨している田舎のための対策は、GPSの利用であった。どこで行方不明になっているかが分かるので、人の目が届きにくい田舎の地域において

は、とくに有効な手段だと考えられているようであった。

15. LCT の「認知症にやさしいコミュニティ」プロジェクトの終了後は？

　すでに前に述べたが、「ライフ・チェンジ・トラスト（LCT）」は、日本の全国宝くじに相当する組織である「ビッグ・ロッタリー・ファンド」から5000万ポンドの資金供与を受けて、（被介護経験を持つ障害者などの）若者の生活改善への取り組み支援とともに、認知症の人たちへの活動を行っているさまざまな非政府組織への支援を行うために、2013年に設立された新たな団体である。

　日本の宝くじのウェブサイトは、さまざまな宝くじの商品を紹介して閲覧者の射幸心を煽っている広告のように見えてしまうのだが、イギリスの「ビッグ・ロッタリー・ファンド」のサイトでは、収益金をどのような慈善活動に使っているかが丁寧に説明されており、役員の名前や財務報告書などが詳しく掲載されている。

　LCT のオフィスは、グラスゴーの中心地の歩行者専用の広い通りに隣接した、比較的小さなビルにあった。われわれは LCT による認知症にやさしいコミュニティづくりへの支援のあり方を確認すべく、また LCT のオフィスの様子などにも興味があってオフィスを訪ねることにしたのであるが、ビルの入り口で思いがけなくジェームズ・マキロップさんと５度目の再会をすることにな

った。

　ジェームズはグラスゴーに住んでいるとはいえ、われわれがLCTを訪問することは彼に知らせていなかったので、予期していなかった再会であった。

　オフィスの会議室では、認知症プロジェクトの責任者のアンナ・ブキャナンさんやエリザベス・モリソンさん、グレアム・ハーストさんと共に、ジェームズも同席してくれた。おそらく、ジェームズはLCTを訪問する別の用件があり、その際われわれが訪問する予定があることを聞いて、われわれの訪問に合わせて同席することにしたのであろう。

　エリザベスさんは、パースでのLCTの大会で、同じテーブルでお会いし、その時に訪問することを示唆してくれた人であり、プログラムの資金管理やモニタリング、評価などを担当しているとのことであったが、この仕事の前には、恵まれない子供たちのためのさまざまなチャリティー団体で仕事をしてきたというキャリアを持っている。グレアムさんは、スターリング大学で健康社会学を学んで卒業したばかりの若手のプログラム担当者であった。

　会議室でわれわれにLCTの活動について話してくれたのは、主にアンナ・ブキャナンさんであった。彼女は法学と行政学を学んだ後、法廷弁護士の司法研修を受けた人で、行政団体の市民に対するサービス義務を監視してきたキャリアを持ち、ウェールズの弁務官事務所では

高齢者の「人権」の保護と監視についての理事をも務めた。

　前章において紹介した、認知症の人が経験した「アドヴォカシー」の実例は、彼女から教えてもらったのであるが、彼女自身がこうした「アドヴォカシー」や「人権」に関わる仕事をしてきたのである。

　LCT は、認知症にやさしいコミュニティづくり活動を行っている非政府組織を支援しているのだが、コミュニティというのは、地理的な意味でのコミュニティもあれば、趣味や関心などを共にする仲間たちのコミュニティという意味もあるので、どちらのコミュニティも支援している。

　LCT の支援にあたって彼女が強調していたのは、非政府組織のリーダーとなっている人たちの熱意や、地域の影響力を持つ人たちとのつながりの重要性であった。認知症の人のための活動というのは、（資金援助があったとしても）決して生易しいものではなく、とくにリーダーには特別の能力が求められるということなのであろう。

　ジェームズがその場にいたこともあり、認知症にやさしいコミュニティの認定マークが分かりにくいので、駐車場の‘Ｐ’や男女を模ったトイレのマークのように、誰にも分かりやすい「認知症にやさしい」国際的なマークという、ジェームズのアイディアについて皆に諮って

みた。

　するとグレアムさんが、ベルギーのブルージュでは、ハンカチを結んだデザインの「認知症にやさしい」マークを使っているとのことで、実物を見せてくれた。アンナさんは、自分はそのデザインをあまり気に入ってはいない、と言っていた。

　実は筆者も、知り合いのグラフィック・デザイナーにジェームズのアイディアを伝えたところ、デザイナー仲間にアイディアを募ってくれたのであるが、多くのアイディアが寄せられたものの、一目で「これだ！」と言えるような案は見当たらなかった。

　いかに優れたマークであっても、人々の間に浸透していくのには時間がかかるのであろう。「認知症にやさしい」ことをピクトグラムで表すというのは、大きな挑戦だ。しかし、そうしたマークがあれば、確かに認知症の人にとっての安心な手がかりにはなりそうである。第6章の最後のコラムでは、このことに再び触れたい。

　最後に、気になっていたことをアンナさんに聞いてみた。それはLCTのプロジェクトの終了後におけるスコットランドにおける「認知症にやさしいコミュニティづくり」の姿である。

　LCTのプロジェクトは3年間となっており、さらにもう3年間延長されることは決まっているとのことであったが、それが終わればLCTは解散し、それぞれのプロジェクトは各々の自治体に委ねられることになるのだ

とアンナさんは答えた。試験的なプロジェクトであるからには、ダラダラと続けるのではない、ということなのだろう。

　さまざまな組織の活動に資金を提供し、さまざまなやり方を試し、それらをモニターし評価したところでLCTは解散する。この知識を今後にどう生かしていくのかを考えるのは、地域の自治体（換言すれば地域の選挙民）に委ねられる。非政府組織を動員して「認知症にやさしいコミュニティ」という新しいテーマに果敢に挑戦していく一方で、そのために制度や組織を硬直化させてしまうというリスクは避けねばならないから、ひとつの賢い方法なのだろう。今後の不安材料をあえて示しておき、あらかじめ覚悟を持たせるというやり方である。

コラム：「すずの会」の活動を見学して

　日本の川崎市宮前区の野川地区で活動している「すずの会」というボランティア組織が、2016年に「気になる人を真ん中に」というレポートをまとめている。

　その中で「すずの会」の活動の経済効果を試算している。「すずの会」には、前述した「タウン・ブレイク」のような報酬が支払われているスタッフは存在していない。しかし、代表の鈴木恵子さんの超人的とも言える活躍によって、地域のボランティアの人たちだけで21年

間にわたって活動を維持し、発展させてきた奇跡的とも
言える組織である。

　活動エリアの人口は２万8300人であるから、スコット
ランドに当てはめればスターリング市（人口４万5750
人）の６割強に達していることになる。しかし、川崎市
全体の人口は150万人近くに達し、東京都区部にも近い。
したがって、大都市圏における（中学校単位の）限られ
た地域における活動である。

「すずの会」は、そうした都市地域の中で孤立しがちな
高齢の独居者や高齢者世帯、単身の子供との同居世帯と
いった「気になる人」が抱えている（介護保険制度や公
的支援だけでは解決が困難な、制度の狭間にある）さま
ざまな困難に手を差し伸べてきている。「気になる人」
は虚弱な高齢者や重度の認知症の人たちにまで及ぶから、
活動内容は「タウン・ブレイク」を超えている。

　われわれが訪ねたのは、宮前区・野川の「いこいの
家」で1996年以来20年にわたって行われている「ミニ
デイ」と呼ばれる、認知症の人や家族介護者などを含め
た「気になる人」のために行われている活動であり、
「タウン・ブレイク」のデイ・クラブや、ヘルムスデー
ルのウェル・ビーイング・ハブと同じように昼食が供さ
れ、一緒に歌を唄ったりして、似たような雰囲気であっ
た。

　なお、「すずの会」では、これ以外にも活動の発端に
なった1995年から始まったスポットヘルプ・介護相

談・介護者支援から、空き家を利用して地域の介護ニーズを抱える人たちが気軽に集える場を提供すべく、2014年に始まった空き家利用の「すずの家（や）」まで、長年の経験をふまえた多彩なサービスを提供している。

　しかし、発足の当初は（福祉は国や行政がやるものだという、日本の根強い固定観念のもとに）地域からバッシングを受けたという。「いこいの家」は元気な高齢者のためのもので、認知症高齢者や虚弱高齢者が利用することに反対があったそうだ。

　スコットランドのチャリティー組織・ボランティア組織と「すずの会」との大きな違いには、上意下達型の縦社会となっている日本社会におけるボランティア組織などに対する、地域の疑いの目を晴らしていく必要があったということがあろう。今では、川崎市なども「すずの会」の活動に対して、資金面を含めて協力的だとのことであったが、それでも「すずの会」には（賃金が支払われている）スタッフが存在せず、すべてのサービスを地域のボランティアたちだけで行っているのである。

「気になる人を真ん中に」というレポートによると、ミニデイをはじめとする「すずの会」が要支援者・要介護者に実施した2014年度の活動の経済効果は、合計2000万円以上であると（詳細な計算によって）推計されている。「タウン・ブレイク」の活動の経済効果については、責任者のゲイルさんがわれわれに語ってくれた大雑把な数字を前に示したが、これを参照して比較してもらえれ

ば、国の違いがあっても、両者の数字はかなり似通ったものであることに気づくはずである。

　なお、これらの数字は、あくまでも金額に換算した数字である。困っている人を社会から孤立させないように手を差し伸べていくことは、金額には換算できない、かけがえのないサービスであることを忘れてはならないだろう。

　われわれが訪ねたミニデイには、男性8名・女性18名、計26名の参加者に対して、その活動を支えていたボランティアの数は29名にも及んでいた。このボランティアの数の多さが、「すずの会」の活動を支えている。

　この地域のボランティアの一人であり、「すずの会」の経済効果の試算に携わった辻麻里子さんの話によれば、鈴木恵子さんがこれだけの数のボランティアの協力を得ているのは、「すずの会」の活動地域が小さいため、ボランティアたちはいわば「ご近所さん」であり、「明日は我が身。いつかは私が、私の家族が支援を受ける側になる。その時に『すずの会』があれば安心と思って、皆が参加している」ということらしい。また、ボランティアたちにとっては、「すずの会」が地域の親睦の場にもなっているようだ。

　そのような組織づくりを鈴木恵子さんがデザインしたのは、彼女自身が母親の介護をした経験によっているとのことであり、ヘルムスデールにおけるアン・パスコーさんと似たような状況が背景にあっての行動であったこ

とが窺える。

　しかしながら、鈴木恵子さんの仕事ぶりにも注目しておきたい。ちなみに、ミニデイにおける昼食時に、自分で箸やスプーンを使うことができない参加者の食事を手伝っていたのは、鈴木恵子さんご自身であった。

　彼女がわれわれ見学者にも、参加者に対して何かの芸を披露してもらいたいと突然言われた時には、正直びっくりしたのだが、彼女は26名の参加者のすべてと29名のボランティアのすべてに加えて、見学者（われわれの他に３名いた）にも気を配っていた。スコットランドでも、こうした組織の代表者はエネルギッシュな女性であったのだが、彼女は別格であるように感じた。

　認知症にやさしい地域づくりのために、日本でもボランティア組織やチャリティー組織を育てていこうとすれば、多数の鈴木恵子さんのような人材が必要になるのであろうが、それを望むのは無理というものであろう。

　また、鈴木恵子さんも、いつまでも「すずの会」の代表を続けていくわけにはいくまい。そうだとすると、すべてをボランティアに頼るような組織づくりのハードルはかなり高い（つまり、現在の「すずの会」は例外だ）と思わずにはいられない。

　ボランティアを生かした組織づくりのためには、政府が口を出さないことは重要であろうが、すべてを無給のボランティアに頼るのではなく、賃金が支払われる数名（パートタイムを含む）のスタッフを雇用するだけの資

金を手当てするための工夫や方法、制度的な仕組みなど
を考えていくべきなのではあるまいかと思う。

第 5 章
ケアホームについて

1. 認知症が進行していけば、
やはりケアホームは必要

　筆者が認知症について関心を持ったのは、われわれの友人のメリー・マーシャル教授が"Design for Dementia"【＊12】（認知症のためのデザイン）という一冊の本（1998年刊行）を送ってくれたことがきっかけであった。

　この本はイギリス・スウェーデン・フィンランド・ノルウェー・オランダ・フランス・オーストラリアにおける認知症にやさしいケアホームのデザインの実例を紹介したもので、メリーのほか、オーストラリアでケア事業の代表を務めるスティーヴン・ジャッド氏、設計事務所を主宰する建築家のピーター・フィッペン氏の３者によって編集されたものであった。

　筆者がとくに関心を持ったのは、建築のデザインによって認知症の症状改善がもたらされるという知見であった。

　筆者は大学院時代、建築計画学の研究室に在籍していたため、建築環境が人々の生活に大きな影響を及ぼすことは当然のことと考えてはいた。しかし、たとえば学校建築のデザインが児童・生徒の学力に大きな影響を与えるといった直接的な因果関係はとても見いだせそうもないのに対し、認知症の人たちのためのケアホームでは、建築のデザインによって認知症の人たちの周辺症状

（BPSD）の改善がもたらされるというのである。

　筆者は妻と共にこの本を翻訳し、『痴呆を癒す建築』として出版することにしたのだが、その過程で、認知症と環境デザインとの関わりについての関心を深めることになったのである。

　筆者はその数年後に、ケンブリッジ大学における在外研究の機会を利用し、イギリスや北欧諸国の認知症施設などを実際に訪問調査し、その結果を『これからの高齢者住宅とグループホーム』という本にまとめたりもした。

　イギリスの認知症の人の80％は在宅で暮らしているから、認知症になったからといって、必ずしもケアホームへの入居を意味するわけではない。ケアホームの源流は、貧しい高齢者のための救貧院であり、とくに昔のケアホームの多くは大規模な病院病棟のようなつくりであったから、ケアホームに対するイメージは決して良くない。また、認知症は精神病のひとつだとも考えられているから、精神病院に収容されることも珍しくはない。今でもケアホームでの対応が難しい人々は、精神病院へと送られるのが普通のようである。

　しかし、家族に多大な介護負担をかけたくないと希望する人とか一人暮らしの人は、認知症が進行していけば、やがて地域で暮らし続けることを断念して、ケアホームへ入居することを選択せざるを得なくなる。また、地域での自立した暮らしよりも、介護付きの高齢者住宅とかケアホームでの生活を希望する人たちも少なくないだろ

う。

　しかしながら、ケアホームでの認知症の人の「生活の質」には、ケアホームで受ける介助や介護のあり方などだけでなく、建築環境のデザインもまた大きく影響するのである。

2．認知症にやさしいケアホームの デザインとは？

『認知症のためのデザイン（Design for Dementia）』において、メリー・マーシャル教授は、
「認知症の人々に良いとされている建築デザインについては、認知症の人を病人として扱うのではなく、障害者であると見做すべきだ」と述べた上で、これには国際的なコンセンサスがあることを述べていたのである。

　そして医療分野とは違って、厳密な実証研究こそ行われていないものの、さまざまな国々のさまざまな分野の専門家の間で、認知症の人たちに良いとされているデザインについては、国際的なコンセンサスが存在しているというのである。

　デザインの原則について、以下の国際的なコンセンサスがあるとメリーは言っている。

　　・障害を補完するデザインであるべき
　　・最大限に自立を促すデザインであるべき

- ・自尊心と自信を高めるデザインであるべき
- ・介護のあり方を職員にはっきりと示すデザインで
  あるべき
- ・どこにいるかが明瞭で分かりやすいデザインであ
  るべき
- ・個々人の違い（自分らしさ）を補強するデザイン
  であるべき
- ・家族（縁者）や地元の人々を歓迎するデザインで
  あるべき
- ・刺激（音や光など）の強さを調節できるデザイン
  であるべき

　そして、デザインの特徴についての国際的なコンセン
サスは次の通りである。

- ・小規模
- ・住宅風で、家庭的
- ・普段の活動機会の提供（キッチン、洗濯場、庭仕
  事の道具置き場など）
- ・目立たないようにした安全性への配慮
- ・機能に応じた別の部屋を用意し、家具や什器は居
  住者の年齢に相応しいものを
- ・安全な外部空間の提供
- ・個人の所持品をできるだけたくさん置ける広さの
  ある個室

・分かりやすい標識、できれば複数の手がかり（見えるもの、匂い、音）を用意する
・位置や方向を示すためには、色の違いよりもものを使う
・できるだけよく見通せるようにする
・刺激（とくに騒音）を抑える

　さらに上記のデザインの特徴について、メリー・マーシャル教授は2001年までの文献レヴューに基づき、認知症に対応した居住施設が備えるべき提言としてまとめている。

　これら上記のデザインの特徴（マーシャルの提言体系）の妥当性については、2007年にリチャード・フレミング（現、オーストラリア・ウォロンゴン大学教授）ら3名によって、オーストラリア政府の認知症戦略における一環として、さらに広範な文献レヴューが行われており、調査データや統計分析手法などの実証性を検討した上で、上記のデザインの特徴（マーシャルの提言体系）が支持されるという結論を得ている。

　もちろん、建築のデザインについては、新薬の治験におけるランダム化比較試験のような実証性を求めることには無理がある。しかし、認知症の人々の「生活の質」に建築環境が大きな影響を与えていることには疑いの余地がない、という結論なのである。

　筆者が滞在したスターリング大学の認知症サービス開

発センターでは、認知症の人のためのケアホームのデザインとして、上記の提言に加えて、さまざまな特別の考慮を必要とする項目について、センターに所属する建築家などによって、詳細なチェックリストを作成しており、新しいケアホーム建築や既存建築のケアホームへの改装などにあたって役立てられるようにしていた。

　というのも、認知症のためのデザインには、普通の建築家がまず気づかないような、細々とした注意すべきことが多々あるからである。

　たとえば、認知症の人は新しいことを憶えられないので、水道の蛇口などでも、昔から馴染んでいるタイプでないと、使い方が分からなくなるということが生じかねない。

　また、たとえば、寝室が中廊下の両側に配置されたケアホームでは、寝室ドアの正面に、中廊下を挟んで別の寝室のドアがあるというプランは、ごく普通のつくりである。しかし、認知症の人は、自室のドアを出ると目の前のドアに向かって無意識に進んでしまい、向かいの部屋に入り込んでしまうことがありうる。そうなると、自分がどこにいてどこに行こうとしているのかが分からなくなって混乱してしまうだけでなく、その部屋の住人に迷惑をかけたり、持ち物に触れてしまうといったトラブルを招きかねないのだ。

　しかしながら、認知症の人のためのデザインについての専門知識を持っていない建築設計者は、そうしたこと

にまで想像を巡らすことは困難であろう。さまざまな過去の設計プランを検討し、これまでの優れた事例を数多く見学した上で、注意深い検討を進めていくだけでは、つまり、優秀な建築家が通常の建築設計の作業を丁寧に進めていくだけでは、認知症の人のための優れた建築デザインを生み出すことは、とても無理そうなことが分かるのである。

　認知症の人のための環境デザインには、そのための特別な知識やノウハウが不可欠なのであり、しかも、認知症についての知識やノウハウは常に進化し続けてもいる。

　たとえば、認知症の人はしばしば空間視覚に障害を持っており、立体的な視覚認識に問題を抱えていることが知られている。床の色合いが一様でないと、色（や明度）の違いが段差（や穴など）として認識されるというのも、認知症高齢者によく見られる障害である。

　これは、視覚情報を処理する脳の後頭部が、しばしば損傷を受けていることが理由である。床に色合いの違いがあると、段差（や穴）があるように誤解してしまい、立ち止まろうとしたり、段差を確かめようとして姿勢が不安定になったりするので、転倒を招きかねないのだ。小さな段差などが転倒を招くことはよく知られているが、段差がなくても、段差のように見えれば、認知症の人の転倒の原因になりかねない。

　さらに危険なのは、床に置かれている家具などが床の色合いと対比していないと、物としての認識ができずに、

ぶつかったりしがちなことだ。当然、打撲や転倒の原因になる。家具の色が床の色と対比していることは、認知症の人たちが安全に生活していくための基本である。

　当然のことであるが、床と壁、その境の巾木（はばき）の色合いを対比させることによって、床がどこで終わり、どこから壁になっているかが明瞭でなければならない。

　こうしたことは認知症の人のための環境デザインにおいては、いわば常識なのだが、こうしたことを知らずに認知症の人のための居住環境を設計するならば、さまざまな思いがけない事故や支障が引き起こされることになる。

　色合いと立体視の問題は、階段を上り下りするにあたって、認知症の人は階段のステップ（踏み面）の端の位置を正しく認識できないことがあることを意味する。階段を踏み外せば、命に関わりかねない。

　そこで、ステップを認識できない認知症の人たちは、階段と壁との境目の巾木が折れ曲がってギザギザになっているところを見ることによって、ステップの位置を判断しているのだということを、認知症サービス開発センターにおける（見学者用の）階段を見せながら、（初代所長の）メリーが説明してくれたのだが、こうしたことはごく最近になって、認知症の本人が研究に参加するようになって初めて分かってきたことなのである。

　認知症の人のためのケアホームのデザインもまた、先

進地スコットランドから日本が学ぶことができる重要な
分野のひとつである。

3. スコットランドの最新のケアホームを
　　見学する

　われわれは、スコットランドのスターリング市の近く
のプリーン（Plean）という村において、ウイリアム・
シンプソンズ財団という組織が経営しているコルサコフ
症候群（過度の飲酒によって生じた認知症）を発症した
退役陸軍兵士たちのためのケアホーム（2012年6月開
設）を、このホームのインテリア空間を設計した建築家
と共に見学する機会があった。このホームは、認知症の
ための最もすばらしいデザインであるので、ぜひとも見
学するようにと、メリー・マーシャル教授が薦めてくれ
たものである。

　メリーの話によれば、コルサコフ症になった元兵士た
ちは、このケアホームができる前は、同じ敷地にあった
昔の建物で同じ職員たちのケアを受けながら生活してい
たものの、居住者たちの間には口論や暴力などの諍いが
絶えなかったのだということであった。

　コルサコフ症の元兵士たちは、こうした施設がなけれ
ば間違いなく精神病院に収容されて自由を奪われ、精神
安定剤を投与された朦朧とした日々をベッドの上で過ご
すことになるような人たちなのだと、彼女は断言してい

た。

　しかしながら、新しいホームができ、そこで暮らし始めるようになると、居住者たちの粗暴な振る舞いはすっかり影を潜めてしまったという。メリーは、認知症の人々にとって、いかに環境デザインが重要であるのかを、このホームのデザインが雄弁に物語っているというのだ。

　われわれはこのケアホームの設計者のリズ・ファッグルさん（認知症デザインの専門家であり、認知症のためのインテリアデザインについての最近の著書がある）と、彼女の同僚の日本人の長ケ部うみさんと、スターリング駅で待ち合わせ、タクシーで現地に向かうことにした。

　プリーンの村は、スターリング中心部から南東5kmくらいのところにある。スターリングの市街地を外れて3kmほど田園地帯を進み、エディンバラに向かうM9高速道路の下を抜けると村が現れる。ごく小さな村であるが、道沿いには商店などが立地している。われわれは村の真ん中辺りでタクシーを降りた。

　プリーンのケアホームが、村はずれの奥に見える。新しい建物なのだが、風景にとけ込んでおり、昔から建っているような佇まいである。ちなみに、スターリングの「タウン・ブレイク」のゲイルさんは、この建物の建設が始まると、果たしてどんな建物ができるのかと、とても気になっていたとのことであった。

　リズさんの話では、このホームの建物で最もお金がかかったのは、屋根を葺いているスレートだったという。

プリーンのケアホーム

　というのも、イギリスでは、新築や改築、用途の変更などにあたって、自治体の都市計画当局から計画許可を取得する必要があるのだが、この建物の計画許可の条件として、（色合いが僅かに異なる）安価な輸入のスレートではなく、昔から使われてきた現地産スレートの使用が求められたからだということであった。つまり、このホームが風景にとけ込んでいるのには、大金がかかっていたというわけなのだ。

　このホームは白く塗装してあるものの、屋根や窓の形などからは、昔ながらの石造りの建物のように見える。しかし実際は、イギリスで近年増えてきている木骨構造の建物だという。

　認知症のための施設では、壁構造ではなく架構構造に

することが多い。というのも、木骨構造とか鉄骨構造で
あれば、間仕切りが自由になるので、室内の壁をガラス
窓にしたりして見通しの良い空間にすることができるか
らだ。認知症の人にとっては分かりやすく、介護スタッ
フにとっては見守りがしやすい環境をつくりやすいので
ある。

　プリーンのケアホームは、8寝室のユニットが1階と
2階にそれぞれ4ユニットの合計8ユニット、64人のた
めの建物であり、中心にユニットをつなぐ廊下と共用室
やスタッフのための部屋があり、中心廊下の両端から各
ユニットにアクセスするようになっている。

　各ユニットへの入り口は、昔ながらのイギリス住宅の
玄関ドア（鮮やかにペンキが塗り分けられ、ドアの中央
に金属製の番地番号が取り付けられている）になってお
り、誰もが馴染んでいる「家」のようなしつらえである。
さらに、ドアの脇の壁にガラスを嵌め、中の様子が窺え
るようにしてあり、ユニットを間違えにくいように工夫
していた。

　ユニット内に入ると、ゆったりとしたラウンジ（居
間）があり、コーナーにしつらえられた暖炉の周りに8
人分の背の高い安楽椅子が置かれている。ラウンジから
は、別のユニットとの間につくられた中庭に出られる。
ラウンジは食堂スペースにつながっており、食堂スペー
スのアルコーブにはキッチンがつくられている。

　共用スペースの全体が見通しの良いつくりになってお

り、自分がどこにいるのか、また何がどこにあるのかを忘れてしまったとしても、周りを見るだけですぐに分かるようになっている。

　ちなみに、キッチンに置かれた冷蔵庫の扉は透明ガラスになっており、中に何が入っているのかが、外から一目瞭然になっているなど、すべてが認知症にやさしい環境のしつらえである。

　共用スペースから寝室へは中廊下を通ってアプローチするが、中廊下は人工照明だけでなく、奥から外光が入るようにしており、高齢者や認知症の人に必要とされる明るさの確保を重視していた。また、他人の寝室に入り込むといったトラブルを避けるために、廊下の左右の寝室のドアの位置を非対称にすべく、間仕切り壁の位置を廊下の左右でずらしていた。

　このホームには、かなり大きな天井の高いカフェがあって、2階からもカフェの様子が広いガラス越しに見渡せるようになっている。カフェからは中庭に出られるようにもなっている。

　この建物は（幅の広い）中心の廊下によって4つのユニットをつないでいるのであるが、この中央の廊下の片側の中ほどに大きなカフェがあることによって、またユニットの入り口ドアを分かりやすいものにすることによって、ユニットの外に出ても、建物全体がとても分かりやすいものになっている。

　また、屋外に外出したとしても、この建物は遠くから

でも分かりやすく、プリーンの村は小さいので道に迷う
こともなさそうだ。

　われわれがホームを見学していた時、入居者の一人が
アクティヴィティ室で電子ピアノを弾いていた。また、
カフェにいた数人も、それぞれ気ままにゆったりと自分
の時間を過ごしているという印象であった。

　この建物ができる以前には口論や争いが絶えなかった
というのが嘘のように、静かで落ち着いた環境であった。

4．エディンバラのケアホーム

　エディンバラは筆者が1977～78年、1988～90年の2度
ほど暮らし、その後も時々訪問してきた馴染みの町であ
る。街並みは昔とほとんど変わっていないものの、初め
て訪問した時の黒く煤けた石造りの建物群は、汚れを落
とした明るく美しい景色へと蘇り、とくに近年ではます
ます多くの観光客で賑わっていて、商業施設などは常に
新陳代謝されている。活気に溢れたスコットランドの首
都である。

　エディンバラでは2つのケアホームを見学した。1つ
は（プリーンのホームの共同設計者である）リズが設計
したもので、「ケア」という名前の民間組織が運営して
いるホーム。もう1つは、エディンバラ市が運営してい
る市営のケアホームである。

　民営ホームは「ケアディーン・ハウス（Cairdean

House)」という名称で、市の南端のコリントン地区に至るレッドフォード通りに2013年４月に開設されたもので、認知症の人だけでなく、虚弱な高齢者や、まだ元気に（自分の車に乗って）外出できる人たちも、それぞれ別のユニットに分かれて暮らしている。

　コリントンは、ペントランド・ヒルズという丘陵に近い高級住宅地であり、その中心には昔の村の家並みが残っている。このホームはコリントンへ向かう幹線道路沿いにあるが、背後には広い緑が残っている。このホームは鉄骨構造だということであり、外観はプリーンのホームのような伝統的なデザインではないものの、景観にとけ込んだ瀟洒な建物であった。

　各ユニットに10寝室、１フロアに３ユニットの３階建てで、合計９ユニット、90人の規模である。このホームは（実はプリーンのホームを見学するよりも前に）長ケ部うみさんの案内で、エディンバラの中心部から公共のバスを使って訪問した。

　さらに付け加えておくと、筆者はリズとうみさんが以前に日本を訪問した時に、このホームの図面をすでに見せてもらっていて、設計案についての感想を求められてもいた。

　私が感じたのは、北欧の認知症のホームなどでは、各ユニット内のラウンジ・食堂・寝室が、建物全体の床面積のほとんどを占めているのに対して、このホームの図面では共用部分（カフェ・アクティヴィティールーム・

図書室などを含む）の面積が、かなり大きくとられていることであった。

「この設計が生かされるかどうかは、ホームの運営者が共用部分をどのように使うかにかかるだろう」と感想を述べたことを思い出す。

　このホームは認知症専門のホームだと思っていたのだが、うみさんから１階の３ユニットが認知症の人のためのもので、１階の３つのユニットのラウンジからは認知症の人が安全に外に出られるように柵で囲った庭がつくられているとの話を聞き、まずそれらの庭を眺めてからホームを訪ねた。

　近年は、認知症の人を室内に閉じ込めてしまうのではなく、戸外の自然に触れられることを重視しており、このホームには柵で囲った４つの庭がつくられていた。われわれの訪問時にはどの庭にも人影がなかったものの、草花や灌木類などが植えられ、歩きやすそうな遊歩道のあちこちに休息用のベンチなどが置かれており、なかなかに心地よさそうである。

　しかしながら、案内してくれたホームの職員の話によると、このホームの９ユニットは、認知症の人のための３ユニット、虚弱な高齢者のための３ユニット、元気な高齢者のための３ユニットに分かれているのだが、階によって分かれているのではなく、１〜３階に積み重なっているということであった。

　つまり、認知症の人のための庭付きのユニットは１つ

225

だけで、他のユニットは2〜3階にあるので（認知症の人のために用意されていたはずの）庭には出られないのだ。しかも、各ユニットは暗証番号でロックされていたから、共用部分を自由に使えるのは元気な高齢者にほぼ限られていることも分かった。

実は、各室のサイン表示など、建物の内部は、認知症の人に分かりやすいようなデザイン上の配慮がなされていた。中廊下の両側の寝室のドアの位置をずらしてあるといったことも、前述したプリーンのホームと同様であった。

しかし、車椅子の人が共用スペースにある図書室を利用するのには、職員ではなく家族の人が連れ出すのだという説明だった。2階のカフェの外側や3階には快適そうな屋上テラスがつくられていたのだが、認知症の人は自分でそこに行けないので、利用ができない。共用空間を充実させたこのホームは、その代償としてユニット内のラウンジや食堂の空間が（たとえば、プリーンのホームに比べると）かなり狭く、椅子が窮屈に並べられているといった感じでもあった。

「この設計が生かされるかどうかは、ホームの運営者が共用部分をどのように使うかにかかるだろう」という私の危惧は、共用部分についてのみならず、認知症の人たちのために用意したはずの庭についても、悪い方向に的中してしまっていた。

ところで、元気な人たちは車を持っていて、自分で運

転してあちこちに外出するのだということを、ホームの運営者は得意げにわれわれに語ってくれていた。

　しかし、彼らが車を運転できなくなったら、どうなるのだろうか？　もちろん、エディンバラはバスの便が良いから、市の中心部には行くことができる。しかも、高齢者はバス（や最近できた路面電車）を無料で利用できる。しかし、近くのコリントンの村のカフェまで、歩いていくことはできるのだろうか？

　そこで、このホームを後にして、われわれは歩いてみた。このホームからコリントンまでは近いとはいえ、徒歩だと30分くらいかかった。高齢者は40〜50分はかかるだろう。おそらくスコットランドでは、元気なうちは、ケアホームよりも小さな町に住む方が認知症の人にはやさしそうである。

5．エディンバラの市営のケアホーム

　エディンバラで見学したもう1つのケアホームは、市の西部に2013年の春につくられたもので、市が運営している。このホームは近くの幹線道路の名称にちなんで「ドラムブレー・ケア・ホーム」と名付けられている。ドラムブレーの「ブレー」とは「坂」を意味するスコットランド語である。

　ホームはこの幹線道路の中ほどから東の方向に入った住宅地の中の、もともとは小学校があった敷地に建てら

れている。イギリスの小学校は日本に比べると一般に小規模なので、このケアホームも決して大規模ではない。各フロア２ユニットの２階建て、合計４ユニットの建物である。ただし、１ユニットが通常よりも大きく15寝室で構成されているので、60人の定員（前述の「ケアディーン・ハウス」の３分の２の規模）ということになる。

　ホームの建物は住宅地の道路の突き当たりに位置し、入り口は北面の中央にある。南側には２つのユニットに挟まれた庭が造られており、植え込みや花壇などと共に、ベンチやパーゴラが配されている。敷地の南側には芝生の公園が大きく広がっており、芝生の先にはこんもりとした樹々が見える。景観的にはすばらしい立地だ。

　われわれを案内してくれたのは、エディンバラ市が運営する認知症のためのケアホームやデイ・センターの管轄責任者であるマリオン・ランドールさんであった。

　エディンバラ市には11カ所の市営の認知症ケアホームがあるとのことであり、認知症のケアホームは1980年代から作られるようになったという。当初の１ユニットは８名、その後も１ユニット10人の規模だったとのことであるが、このホームを１ユニット15人にまで拡大することにしたのは、職員が手薄になる夜間に事故が発生したからであり、（限られた運営予算のもとで）夜間職員を適切に配置する必要が生じたことが契機となったという話であった。

　エディンバラ市の認知症ホームの入居者／職員の比率

は、昼が１：３、夜が１：４だとのことで、日本の特養
に比べて、恵まれているわけではない。この60人規模の
ホームは、昼は30名、夜は15名の職員で運営しており、
全体の職員は100名だとのことである。

　職員の他に11名のボランティアがいて、ガーデニング
などの活動を手伝っているとのことであった。ケアホー
ムにおいても、認知症の人たちの活動には、ボランティ
アが役割を果たしていることが分かる。

　ボランティアの参加は、とかく（虐待事件が起こった
りする）密室的なケアホームの運営を、地域にオープン
なものにしていくために重要なことであろう。

　このホームは、グラスゴーの建築設計者によるもので、
プランの特徴は、各ユニットにほぼ正方形の（明かり取
りの）中庭が設けられていることである。

　食堂（兼アクティヴィティ室）は中庭に面している
（したがって、１階ユニットの食堂からは中庭に出るこ
とができる）ものの、中庭の３方向を囲んでいるのは廊
下である。総延長としてはかなり長い矩形状の廊下の周
りに、すべての寝室とラウンジが配されている。

　このため、通常はユニット内に隣接している食堂とラ
ウンジ（暖炉やテレビがあり、高い背もたれの安楽椅子
が置かれた居間）が、互いに少し離れて位置しているの
であるが、これもこのホームの特徴である。食堂はアク
ティヴィティにも用いられるので、食堂から少し離れて
いるラウンジは、落ち着いた雰囲気が確保されている。

廊下は明るく、ほぼすべてが中庭に面している。さらに中庭に面した廊下の中ほどにはテーブルと椅子が置かれたアルコーブがつくられ、単調にならないように工夫されていた。廊下は折れ曲がっているので、認知症の人にとっては自分の位置が分かりにくいはずだが、ユニット内を一周するつくりになっているので、どちら向きに進んでいっても目的地に達することができる。つまり、認知症の人に適した設計になっているのだと、マリオンさんは言っていた。

　ユニット内に中庭を設けることを可能にしているのは、15寝室（さらに1つの客用寝室）という規模であり、この規模がプランをうまく支えている。

　各フロア2つのユニットは、東西で対称的なプランである。ちなみに東側のユニットでは、東側に面しているのが6寝室（および1つの客用寝室）、南側に4寝室、西側に2寝室とラウンジ、北側は3寝室の計15寝室（および1つの客用寝室）である。

　西側のユニットも同様であるが、東西が対称的に入れ替わることになる。各階の東西2つのユニットは共通スペース（1階ではホワイエ、2階では共用のアクティヴィティ室など）を介してつながっており、共用スペースの南側は、東西2つのユニットとの間を庭にしている。1階ユニットのラウンジからは庭に出られ、2階ユニットのラウンジおよび共用のアクティヴィティ室には、庭に向かってバルコニーが設けられている。

　筆者は2001年に北欧の認知症ホームを数多く見学した
ことがある。その頃のスウェーデンやノルウェーのホー
ムの1ユニットは6〜8名の規模であった。また、フィ
ンランドのタンペレ市においては、「ソプムスヴィオリ
（合意の丘）財団」が経営する認知症ホームのいくつか
を、数日間にわたって詳しく見学したこともある。フィ
ンランドの人々の文化的な好みを反映した2人部屋が主
体であったのだが、1ユニットの規模を10人から14人へ
と徐々に大きくした結果、14人規模（そのうち、1人部
屋1つはショートステイ用）では、やや大きすぎたとの
反省があって、当時新しく建設中であったホームは再び
10人規模へと戻していたことを思い出す。

　この「ドラムブレー・ケア・ホーム」の1ユニットは
15人であるから、認知症ホームの1ユニットの規模とし
てはおそらく最大限のように思われる。しかし、15室を
7室＋8室に分けてスタッフを配置しているとのことで
あり、この体制でうまくいっているとのことであった。

　マリオンさんはこのホームの設計が気に入っており、
次に建設を予定しているケアホームも、このホームの設
計とほぼ同じにするということであった。僅かの違いは
収納庫であり、入居者が自分で使ってきた家具を持ち込
んだ場合には、ホームの備え付けの家具を収納するのだ
が、そのためのスペースが想定したよりも多く必要とな
ることが分かったからだということであった。

　確かに、このホームの設計は、廊下の幅を車椅子が無

理なくすれ違える寸法にしていたことを含め、あらゆる
スペースがほどよい寸法になっていたことに気づかされ
た。このホームは鉄骨構造であったが、寝室の間仕切り
壁は、煉瓦積みにしているとのことであった。遮音性が
高まるだけでなく壁の損傷が少なくなるので、修繕工事
が減り、維持費の節約につながっているとのことだった。

　次に建設する市営ホームも同じ設計にするということ
は、運営にあたっての人件費や安全性などを含めた総合
的な見地に立てば、ユニットの規模を最大限にしながら
も、認知症のためのデザインを追求したこのホームは、
認知症のためのケアホーム建築がたどり着いた、模範解
答のひとつであると言えるのかもしれない。

　認知症の人のケアに関して、マリオンさんは自分が過
去に経験した興味深いエピソードをわれわれに語ってく
れた。

　ある認知症の男性が、夜になって皆が寝静まろうとす
る頃に、決まって皆の寝室のドアを叩き回りはじめるの
で、ケアホームの住人たちが眠れなくなり、非常に困ら
されたというエピソードである。やがて分かったことは、
この男性は、劇場の支配人という経歴の持ち主で、劇が
始まる時間が近づくと、俳優たちの楽屋のドアを叩き回
るのが日課だったということである。そこで、この男性
には、夕食の前に皆のドアを叩いてもらうように逆にお
願いしたそうである。その結果、問題はすべて解決した
とのことであった。

　このエピソードは、一人一人に向き合ったパーソン・センタード・ケアがいかに認知症の人にとって重要になるのかを示しているように思う。認知症のケアホームにおいては、居住者の一人一人が、どのような人生を送ってきたかを知っておくことが欠かせないのだと、マリオンさんは強調していたのである。

　ところで、われわれがこのケアホームを訪れた時の第一印象は、雰囲気があたたかく、センスのよさが感じられたことである。入り口のホワイエには数枚の抽象画などが掛けられていたが、どれも（筆者の目には）なかなかに良い作品に見え、絵の横には寄贈者の名前が書かれたプレートが貼られていたりしたのだが、小さな美術館のような趣であった。家具類や置物なども、高価なものではないのであろうが、よく調和しており家庭的なしつらえだった。

　そこでマリオンさんに、インテリアデザインは誰が担当したのかと訊ねてみた。壁紙や床のカーペットは建築家が決めたということであったが、カーテンや家具類、インテリアの置物などはマリオンさんが2週間ほどかけて、すべて自分で選んだのだという返事であった。

　市営のケアホームというと、施設的な雰囲気を想像しがちだが、このホームは違っていた。このホームが1ユニット15人の規模でうまくいっていたのには、パーソン・センタード・ケアが実践されていることとともに、居心地のよい建築環境がつくられていることが寄与して

いそうである。

　マリオンさんがエディンバラ市役所の職員であること
から、エディンバラ市における認知症にやさしいまちづ
くりの取り組みについても尋ねてみたところ、市の商工
会議所と共同して、市内の商業施設の店員たちに認知症
の人への応対についての研修を行うことになっていると
のことだったが、まだ予算付けを待っている段階だとの
ことであった。

　しかし、市は認知症カフェなどをすでに実施しており、
認知症の人にやさしい市内の案内サインなどについても、
スコットランド議会の委員会のもとにデザイン組織がで
きているということであった。前章・前々章において述
べたマザウェルやストーノウェイなどと似たような取り
組みをエディンバラ市でも進めていくのであろう。

　すでに読者はお気づきだとは思うが、スコットランド
における認知症の人々に対する施策は、自治体によって
かなり大きな差がある。つまり、ある自治体では利用で
きるサービスが、別の自治体では受けられなくなるとい
うことについて、さまざまな人々がわれわれに語ってい
たことを付記しておきたい。

6. スコットランドと日本のケアホームの
　　文化的な違い

　日本の多くのケアホームと、スコットランド（あるい

はイギリスを含めた欧米諸国）のケアホームには、何か
しらの違いがあるように筆者は感じていたのであったが、
このことをはっきりと気づかせてくれたのは、アビーフ
ィールドという慈善団体が運営するケアホームを見学し
た時のことであった。

　このケアホームは、スターリング大学に隣接するブリ
ッジ・オブ・アランの町の中心の通りにあり、保存建築
に指定されている昔の建物（大きめの住宅）を利用して
いる。このホームは、小規模で家庭的であり、建物の裏
には手入れの行き届いた庭があって、認知症にやさしい
環境としての特徴を備えていたものの、とりたてて認知
症にやさしいデザインになっているわけではない。とい
うのも、保存建築に指定されている建物は、改造するこ
とが困難だからである。

　われわれを案内してくれたのは、このホームの責任者
のジェーン・リッチーさんであった。このホームの運営
はすべてジェーンさんの責任だということであり、事務
所になっている屋根裏部屋には、入居者一人一人につい
て細かくチェックした書類が保管されていた。

　入居者には重度の認知症の人は見受けられなかったよ
うに思えたものの、入居者一人一人の履歴が細かく把握
され、パーソン・センタード・ケアが実行されているこ
とが見て取れた。

　イギリスのケアホームは、看護師がいるナーシングホ
ームと、看護師がいない（つまり、より自立度が高い高

齢者に向けた）レジデンシャルホームに大別されるが、このホームは看護師のいないレジデンシャルホームである。看護師を必要とするケアについては、地域の訪問看護師に頼っているとのことであった。

　なお、レジデンシャルホームでも、介護度合いが高まったという理由によって、本人や家族の意向に反してナーシングホームへと移されることはなく、最後まで住み続けられることが法律によって保障されている。しかしながら、レジデンシャルホームは、やはり元気な人が中心である。ちなみに、前述したエディンバラの「ケアディーン・ハウス」もレジデンシャルホームである。

　このホームの居住者は女性7名、男性1名の計8名であり、ごく小規模なホームである。われわれが見学した時にはさらにグラスゴーからの女性が1人、ショートステイで滞在していた。

　このホームでは居住者のほとんどが女性であったが、同じアビーフィールドが経営するエディンバラの東のノースバーウィックという町にあるケアホームは、逆に男性ばかりなのだということであった。しかも入居者には学者の人たちが多いとのことで、政治の議論などが盛んに行われているそうである。この慈善団体がスコットランドの各地で運営しているケアホームの雰囲気は、それぞれに随分と違っているとの話であった。

　このホームには夜間のスタッフは配置されていない。夜間の見守りはセンサーによって監視するアラームシス

テムを使っているのだそうで、人件費を節約することによって、入居費用を通常の（看護師がいる）ホームの半額ほどに抑えているとのことだった。

このホームには多数のボランティアが参加しているとのことであり、入居者を医者に連れて行ったり、買い物に連れて行ったりして、地域とのつながりを助けているのだということであった。

ボランティアが多数参加しているのには、このホームがブリッジ・オブ・アランの中心地に立地していることに大きな理由があるように筆者は感じた。町の中心にあるこのホームは、地域に住むボランティアたちにとって、訪ねやすい至便な立地であるとともに、訪ねてみたくなるような昔の建物でもあったからだ。

週に１回、このホームの１階のラウンジにおいて、入居者たちとボランティアたちとの交流のお茶の会が催されるということであったが、われわれがこのホームを訪ねたのは、ちょうどお茶の会が開かれる日であった。ラウンジには入居者たちが集まってきた。それも、皆さんがお洒落なよそ行き姿であり、首飾りなどのアクセサリーを身につけたりしている。男性居住者も、洒落たジャケットを着ていた。

日本のケアホームでは、居住者たちが集まる場に、全員がお洒落をしているような様子を見かけることがほとんどなかったように思い、この点に日本との文化の違いがあることを意識させられたのである。

そもそも、日本のケアホームの多くには、共用スペースとしての食堂とか（時に）アクティヴィティ室などはあるものの、皆が集まれるだけの（さらに、お客を迎え入れられるだけの）十分な広さのラウンジ・エリアが用意されていることは稀であろう。しかしながら、スコットランドのケアホームでは、例外なしに、食事のスペースとは別に、安楽椅子が置かれたラウンジ・エリアが設けられていた。住まいにラウンジが不可欠である以上、ケアホームにおいても（住宅風の）ラウンジが欠かせないというのが、スコットランド（イギリス）の文化なのだということに気づかされた。

　（市街地をコンパクトに保ち、昔からの街並みを保存していくという）まちづくりの文化、また、（ラウンジに象徴されるような）住まいの文化といったものは、日本においてはなかなか気づきにくいものであることを、あらためて認識させられた。

7．ケアホームのコスト

　社会保障についての仕組みや制度というのは、かなり込み入っており、似ているように感じられても、実体や運用はそれぞれの国（や自治体）によって大きく異なっていることがしばしばである。しかし、ケアホームのコストといったものは、つきつめれば施設費と人件費に還元できるから、本来の金額（＝社会的費用）は先進国の

間ではそれほど違わないはずである。

　たとえば、日本の特養ホームの入居費用が安いのは、費用を補填する制度があるからである。イギリスでは無一文になっても民間のケアホームに居住し続けられるのであるが、これもまた、社会保障の制度によっている。

　こうしたことのため、筆者はスコットランドのケアホームを見学した際、あえて費用については質問しなかった。しかし、イギリスのケアホームの費用は、決して安いものではなく、むしろ、かなり高いことに注意しておきたい。

　筆者は、京都の国際会議への出席を兼ねて、ウインストン・チャーチル奨学金を得て来日した認知症回想療法に長く取り組んでいる実践家（ロンドン在住）に会う機会があったのだが、彼女の母親は102歳（ただし、認知症ではない）とのことだったが、フィリピン人の介護ヘルパーの助けを受けて、マンチェスター市の自宅で暮らし続けているとのことだった。

　というのも、とりたてて立派とはいえないケアホームでも、月額費用が4000ポンド（1ポンド＝150円とすると月額60万円）にもなり、フィリピン人のヘルパーへの支払額の2倍になってしまうからだそうだ。なお、イギリスでは個人的な介護ヘルパーにも労働ビザが発給されているという。

　筆者は数年前に、大学院留学生の研究指導を通して、東京圏1都3県のすべての介護付き有料老人ホームの費

用データを集めて計量経済分析を行ったことがある。月額換算の費用は、施設によってかなりのバラツキがあったものの、平均的には40万円を超える水準に達していた。これに介護保険から支出される金額を加えると、60万円くらいの社会的費用になるから、イギリスと似たような水準だと言えるように思う。

　実は、イギリスの認知症の人の多く（80％ほど）はケアホームではなく自宅に暮らしている。したがって認知症にやさしいまちづくりを進めていくことが迫られているのであるが、この背景にはケアホームの社会的費用が高額であるということがある。

　ケアホームのコストが高いのは、人件費に加えて施設費がかかっているからである。このため、できる限りはケアホームに代えて在宅訪問ケアを充実させた方が、多少人件費が余分にかかっても施設費を節約することができるので、安上がりなのである。

　すでにスウェーデンなどの福祉先進国では、在宅ケアの方向に舵を切っている。こうした事情は、イギリスでも日本でも、どこの国でも共通したものなのであろう。

コラム：認知症にやさしい劇場づくり

　エディンバラのフェスティヴァル劇場とキングズ劇場は、認知症にやさしい劇場づくりの取り組みを行ってい

る。その契機になったのは、長年にわたって、これらの劇場の熱烈なファンであった人たちが、ある時期から突然に、姿を見せなくなったことだったという。

　劇場のスタッフが彼らに連絡を取ってみたところ、彼らは認知症の診断を受けたそうで、劇場にやって来る自信をなくしたと語ったそうである。スタッフは、「また劇場に来ていただくために、何かできることはないでしょうか？」と尋ね、その回答をもとに、これらの劇場を認知症にやさしい環境にしていくために「ライフ・チェンジ・トラスト（LCT）」の助成金を申し込んだところ、３年間に32万ポンドが認められたので、認知症にやさしい劇場づくりのプロジェクトに取り組むことになったということだ。

　劇場では、認知症の人にとっての環境デザインの問題点がどこにあるのかを把握すべく、スターリング大学の認知症サービス開発センターに所属する建築家のレスリー・パーマーさんに、劇場の建築デザインについての監査を依頼したところ、彼女は丸２日間をかけて周到なチェックを行い、40ページにわたる監査レポートをまとめたのである。

　筆者は、このレポートに目を通したのだが、認知症の人のためにやさしい環境デザインなっているかを、劇場のあらゆる場所についてチェックしたものであった。

　チェック項目の多くにおいて、認知症の人に対する問題点が指摘されていた。とくに、階段の全体にカーペッ

トが敷かれていて踏み面の端部が分かりにくいことは、転倒事故などにつながりかねないので緊急に改善する必要があると勧告していた。

　その他の優先すべき勧告としては、トイレ（案内サイン・キュービクルの照明）、照明（劇場内・ロビー・廊下・階段）、席の番号や列の表示、エレベータのサインや内部の仕上げ、カフェの音響、の改善が挙げられていた。

　筆者は建物の監査を担当したレスリー・パーマーさんにお会いしたのだが、（とくに、上階の急勾配になった座席などの）改装には多大な費用がかかるだけでなく、２つの劇場は歴史的な保存建築であるために、そもそも改装が不可能なことも問題だということであった。

　その時に同席してくれたマーチン・クワークさん（オーストラリアから博士研究のために滞在していた）と共に、後日、われわれは劇場を見学した。案内してくれたのは、認知症にやさしい劇場づくりの担当者であるポール・ハドソンさんであった。

　彼は、劇場のどこに問題があるのか、また、これまでに実施してきたこと、これからの計画といったことを熱心に語ってくれた。

　トイレの個室内の照明などはすでに改善され、カフェも認知症にやさしく改装されていた。一番の問題点として指摘されていた階段の踏み面の端部については、劇場全体のカーペットの張り替えが近く予定されているので、

その時にすべて改善するとのことであった。

　また、フェスティヴァル劇場に隣接したモダンな小劇場（ステュディオ）では、認知症の人のための演劇イベントも実施してきているとのことであった。

　しかしながら、歴史的建造物である劇場全体を認知症にやさしい環境に造り変えるのは、至難なようであった。

　そこで、筆者は見学の最後にハドソンさんにひとつの提案を行ってみた。劇場に車椅子用の座席が用意されているように、認知症の人たちのための座席を用意するというのはどうだろうか、と。劇場の改装は、それらの席に関係するところに限定できるし、チケットには座席の列・番号が記されているので、案内にあたって劇場のスタッフが特別に配慮することもできるだろう。

　ハドソンさんは目を輝かせて、

「うん、それは良さそうだ」と、筆者の提案をとても喜んでくれたのであった。

第　6　章
認知症にやさしい町は
すべての人にやさしい町

1. 認知症の人たちの「人権」は、まちづくりによって支えられる

　認知症についての施策は、スコットランドにおいても、また日本においても、近年は認知症の本人たちの声を重視して進められるようになっている。

　認知症の本人たちが「生活の質」としてとくに重視している４項目（OECDのレポート'Addressing Dementia, 2015'に引用されているドレエスらの研究、本書の序章において紹介した）が、①社会的な関わり、②快適さと安全、③健康、④尊厳と自立（自分でいられるという感覚）であったことを、もう一度振り返っておきたい。「社会的な関わり」とは、周りの人とのつながりが維持でき、話しかける人が周りにいて、自分の気持ちを伝えることができ、周りの人と楽しさを共有でき、社会的活動や余暇活動に参加できることである。

　認知症の人がこうした社会的な関わりを享受していくには、家に閉じこもってしまうのではなく、まずは積極的に外に出ていく必要があろう。社会的な関わりを保っていくためには、馴染みの店に行ったり、知り合いを訪ねたり、散歩に出て人と出会う、というような外出行動が求められるのであろうが、そうした行動を促すためには、外出を控えさせてしまうのではなく、むしろ積極的に促すような、（とくに自動車の運転免許の返納を進め

ていくことを考えると）あまり遠くまでいく必要がなく、また、途中で道に迷って、家に帰れなくなってしまうといった不安を感じることがないような——つまり、第1章で紹介したバートンとミッチェルの研究結果が示すような——認知症にやさしいハード面の環境が整備されていることが望ましいことが分かる。

　もちろん、認知症の人が参加できるような社会活動とか余暇活動の場が地域にあること、店員や銀行員、バスの運転手などの接客にあたって認知症の人の立場をよく理解しているといったソフト面でのまちづくりも重要である。

　筆者が住む横須賀において、認知症の人たちの話を聞く集まりの時であったが、その一人が自分の家の近くにある「認知症お断り」と貼り紙のある店に言及し、この店には近寄りたくもないと語っていたことが忘れられない。

　このお店の人は、認知症の人と過去にトラブルを経験したのかもしれない。しかし、やはり認知症の人への理解が不十分だったはずである。日本における認知症サポーター養成の取り組みは、まだ目的を達しているとは言えないようである。

「生活の質」として2番目に挙げられている「快適と安全」は、認知症の人たちが快適で安全だと感じられる環境で暮らせることである。自分の家で快適・安全に暮らし続けていけるかどうかは、認知症の人が自分のお金

を安全に管理できることなども重視されているものの、ハード面の環境が認知症にやさしくなっているかどうかにも大きく依存する。

　安全性だけを重視するならば、家に閉じこもりがちになってしまうのであろうが、やはり屋内の環境だけでなく、屋外の環境についても快適で安全であることが望まれる。

　つまり、歩道の舗装や仕上げ、横断歩道、ベンチや公衆トイレなどを含めた地域のハード面の環境が、認知症の人たちの安全性に配慮して整備されていることが「生活の質」に関わっていることとして理解できるのだ。

　３番目の「健康」は、できるだけ体の健康が保たれることである。健康を維持し、認知症の発症や進行を遅らせるためには、日々の運動や社会的な交流、とりわけ家に閉じこもることなく、積極的にウォーキングなどのために外出することが望ましいと言われている。そして、このためには、外出を促すような「認知症にやさしい」ハード面の環境が重要になってくる。

　最後の「尊厳と自立（自分でいられるという感覚）」は、できるだけ自立し、自分で選択し、自分がコントロールの主体でいられることに関係している。信念や信仰などを含めて、自分は自分だという感覚や自信を保ち、認知症への偏見から自由でいられることである。

　しかし、認知症の人たちは、記憶の障害、学習の障害、理解の障害、高いストレス・レベルなどに加えて、高齢

にともなう感覚障害や運動障害を含めた、さまざまな障害を同時に抱えていることが多い。こうした障害に配慮したまちづくりが行われていないと、認知症の人たちは不必要なまでに無能力感を味わわされ、自尊心が傷つけられ、自信を失ってしまうことになる。

　また、自立という感覚には（とくに、体が元気であるうちは）自分自身が外出できることが関わっている。つまり、尊厳や自立といった感覚には、人々の意識や社会的な支援の取り組みといったソフト面の環境とともに、ハード面の環境もまた大きく影響することが分かる。「障害者のためのまちづくり」のためにはハード面の環境のバリアフリー化が求められているが、「認知症のためのまちづくり」においてもハード面の改善策が求められるだろう。

　これらすべては、認知症の当人たちにとっての「生活の質」というものが、認知症の人たちが家の中に閉じこもってしまうことなく、むしろ積極的に外出に誘われるような、地域の「ハード面の環境」によって支えられるべきであることを示しているように思う。

　さらに、認知症の人たちの「生活の質」は、認知症の人たちの「人権」に深く関わっているということを理解するべきであろう。

　たとえば、日本の公共施設や交通機関などには身障者用のトイレが設けられ、階段の脇には車椅子利用者のための斜路やエレベータの設置が進められているが、これ

は2006年に国連総会で採択された「障害者の権利に関する条約」に日本が調印・批准したことと無関係ではない。

　つまり、障害者が（できるだけ自由に）外出できるように「ハード面の環境」が整備されてきているのは、このことが「障害者を含むすべての人の人権」に深く関わっているからである。

　したがって「認知症の人たちの人権」を、「障害者の人権」と同じように考えるならば、認知症の人たちが暮らしやすいような「ハード面の環境」を整備していくことも必要だろう。

　障害者のための「ハード面の環境」では、視覚障害者のための点字ブロックの設置とか、車椅子利用者の交通機関の利用にあたっての配慮とか、身障者用のトイレの整備などが連想されるが、（とくに高齢の）認知症の人たちのためのまちづくりとしては、第1章において紹介したバートンとミッチェルの研究結果から明らかになったように、街路の構造や街並み景観、地域施設の立地といった問題にも及んでおり、障害者用のトイレの整備や、段差を解消するためのスロープやエレベータの設置といった、バリアフリー化のためだけの部分的な環境整備では不十分なことが分かる。

　日本の新オレンジプランにおける5番目の施策として掲げられている「認知症を含む高齢者にやさしい地域づくり」においては、バリアフリー化とともに、（特別養護老人ホームや有料老人ホームを代替する施設的な住宅

としての）サービス付き高齢者住宅の建設促進などが謳われている。

　しかし、こうした施策を進めていくことが、地域で暮らす認知症の人たちの生活に大きな改善をもたらすとは考えにくい。とくに、急激な人口減少局面にあり、すでに空き家や空き地が急増しつつある日本において、高齢者のための新たな住宅建設を促進していくというのは、空き家や空き地をさらに増加させることにもなりかねない。

　空き家や空き店舗や空き地の増加によって、街がますます廃れていき、市街地全体がスポンジ化していくことは、認知症の人はもとより、地域のすべての人々にとっての脅威である。

　それでは、認知症の人を含めたすべての人のために、どのようなまちづくりを進めていくべきなのであろうか？

　この章では以下、このことを考えていきたい。

2．認知症にやさしい街はニューヨーク？　　それともヴェニス？

　前のコラム（認知症にやさしい劇場づくり）において、スターリング大学の認知症サービス開発センターに所属している建築家のレスリー・パーマーさんと、博士課程で研究滞在しているマーチン・クワークさんに会ったこ

とを述べた。その時筆者は、スコットランドの小さな町がすでに認知症にやさしくなっていることを2人に話したのだが、2人からは「認知症にやさしい街はニューヨーク？　それともヴェニス？　どちらだと思うか？」という質問を受けた。

　考えてみれば、ニューヨークもヴェニスも、車を使わずに生活ができる。その意味では「認知症にやさしい」街である。

　さて、自分が認知症になったとすれば、どちらの方が住みやすいであろうか？　ニューヨークは現代の世界経済の中心地となっている大都会であり、他方、ヴェニスは中世〜ルネッサンス期に海洋国家として栄えた「水の都」であり、歴史的な街並みが保存されている世界的な観光地でもある。筆者はそのどちらにも長く滞在したことはないのだが、それぞれ何回かは訪問したことがある。

　ニューヨーク（マンハッタン）のほとんどは、一様な長方形のブロックでできているから（バートンとミッチェルの研究に照らせば）「分かりやすい」とは言いがたいものの、ごく普通の街路パターンである。高層ビルが林立している大都会であり、交通量も多く、歩行者信号はすぐに変わってしまうから、認知症でなくとも高齢者は難儀しそうでもある。

　ユニバーサルデザインの先駆者であり、老人学の研究者でもあるパット・ムーアは、その著書 "Disguised"【＊13】（変装）において、自身が20代の頃、（映画撮影

用の精巧な顔マスクをつくってもらった上で）80代の老
人に変装して、ニューヨークの街において自身が経験し
たことを語っている。

　彼女の変装は完璧であり、変装して学会に出席したと
ころ、彼女の友人たちの誰もが見破れなかったことに自
信を持って、老人に成り済ましたのである。彼女は、20
代の自分に比べて、ニューヨークの人たち（店員など）
が高齢者に対して、いかに見下した態度をとるのか、不
親切であるのかを、詳しく具体的に描写している。間違
いなく、ニューヨークは認知症高齢者にやさしい街とは
言えないのであろう。

　しかし、筆者の経験したニューヨーク（のマンハッタ
ン）では、自分がどこにいるかが分かりにくいといった
ことはなかった。また、ニューヨークはアメリカでは珍
しく、徒歩で生活ができる街である。ランドマークとな
っている建物などは、よく見通すことができ、東西南北
の方角がはっきりしているので、（たとえば東京に比べ
ると）どこにいるのかがむしろ分かりやすい。しかも、
街のどこにいても日用品の商店やカフェなどは歩いてい
ける距離に立地しており、思いのほか土地利用が混在し
ていて、アクセスが良い。運転免許証を失っても暮らし
ていけそうである。

　ニューヨークは、ほとんどのアメリカの（そして多く
の日本の）地方都市などとは違い、車を使わないでも生
活ができる環境になっている。物理的な環境という点で

は、高齢者や認知症の人にとっては案外に生活がしやすいように思える。

　ニューヨークのマンハッタンは、ヴェニスに比べればはるかに大規模で近代的な都市だとはいえ、モダニズムの都市計画を徹底的に追求したブラジルの首都ブラジリアのように、地区の都市機能が純化されていて、歩行者のアクセスを拒んでいることはない。むしろ逆であり、車よりも歩行者にやさしい街である。

　あるいは、シドニーの中心部のように、東京やマンハッタンに比べれば規模がそれほど大きくないにもかかわらず、信号を渡るのに異常な早歩きを迫られる（つまり、高齢者が街から排除されているように感じられる）といったこともなかった。セントラルパークでは、自然に触れることができるだろうし、小さな公園は案外にあちこちにある。ニューヨークは大都会ではあるものの、歩いて暮らせる街であり、思いのほか認知症の高齢者にとってもやさしい街のようにも感じられる。

　ところで、筆者は一度、モダニズムの計画都市である首都ブラジリアを仕事で訪問したことがある。モダニズムの都市計画は、建物を高層化することによって緑地やオープンスペースを確保し、地域の土地利用を機能別に純化した上で、地域の間を自動車交通で結ぶ（そして、歩行者と自動車を分離する）という考え方なのであるが、このような考え方が間違っていることを実体験したのだ。

　ブラジリアのすべてのホテルは、中心の一地区だけに

集まっていたのだが、そこから街に出歩くのに大変な思いをしたという経験だ。商業地区も中心の地区にあり、ホテル地区からは目と鼻の先の至近距離にあるのだが、両地区は自動車道路によって隔てられていて、横断できる歩道がなかったので、高速道路を横断するような恐怖を味わうことになってしまった。ブラジリアは、徒歩での暮らしを想定していないのである。

　案内してくれたブラジル人によると、ブラジリアでは夫婦の離婚率が、他の都市に比べて著しく高いとのことだったが、徒歩の生活を楽しめない街では、コミュニティとの関わりが減り、家に閉じこもりがちになることが、離婚率の高さの理由だということだった。高齢者や認知症の人にとっては、ブラジリアはきわめて暮らしにくい環境であることは間違いあるまい。

　第2章末のコラムで紹介したスコットランドのニュータウンのリヴィングストンもまた、徒歩での生活が楽しめない、認知症にやさしくない町であった。機能主義的な近代の計画都市には、共通した問題点がありそうだ。

　一方のヴェニスは、華やかなお伽の国の街のようだ。よく見ると壁の仕上げが剥がれかけている建物なども多いのだが、こうした傷跡も、運河を背景にした街並みの味わいになっている。世界で一番美しい街と言っても過言ではないだろう。街の中には車が入れないから、歩行者が安心してくつろげる環境である。さまざま店などはすべて徒歩圏にある。

この街では運河が表通りであり、徒歩以外の交通は船になる。歩道のほとんどは運河沿いではなく、裏通りの小道である。迷路のように入り組んでいて、すれ違うのがやっとなほどに狭い道も珍しくない。街区は小さく不規則であり、小道の交差点のほとんどは十字路ではなくＴ字路やＹ字路になっている。

　また、この街はランドマークとなるような歴史的な建物の宝庫でもある。バートンとミッチェルの研究によれば、認知症の人にとっての「分かりやすい」街路パターンの典型だと言えるのかもしれない。

　しかし、中心のサン・マルコ広場からリアルト橋を渡って、バスターミナルがあるローマ広場や鉄道ターミナルのサンタ・ルチア駅まで歩いて行こうとすれば、折れ曲がった狭い路に分け入っていかなければならない。すれ違うのがやっとといった小路をたどっていくのである。案内標識によほど注意していないと、袋小路に入り込んでしまったり、すぐに迷子になってしまうというのが筆者の体験だ。どんな小路においても、案内標識を見逃さないような集中力が求められるというのは、認知症にやさしいとは言えないような気もする。

　小路を歩いていくと次々に運河が現れる。運河からの眺めもすばらしい。ゴンドラの姿もある。それがヴェニスの魅力なのだが、運河を渡るのには小さな橋でも階段を上下しなければならず、スロープはつくられていないから、車椅子は利用できそうにない。しかも、ヴェニス

のあちこちに観光客が溢れている。さらにヴェニスには、緑の自然がほとんどない。小さな広場はあちこちにあるものの、そのほとんどは石敷だ。

　さて、ニューヨークとヴェニス、どちらが認知症の人にやさしいのであろうか？　筆者には判然としかねたので、認知症にやさしい環境についての研究者であるレスリーさんとマーチンさんに聞き返してみた。
「君たちは、どちらの街が認知症にやさしいと思うのか？」と。

　すると、彼らは躊躇なく「ヴェニスだ」と答えたのである。ニューヨークのように格子状のグリッドパターンの広い街路ではなく、ヴェニスでは狭い小道が不規則につながっており、街区がとても小さい。また、運河があるので分かりやすいというのである。

　筆者は、日本の「認知症の人と家族の会」の集会を見学させてもらって、認知症の本人たちに、街路パターンについてのバートンとミッチェルの研究結果について、十字路とT字路の図を見せながら訊ねてみたことがある。そして、彼らは確かに、T字路の方が分かりやすいと答えたのである。また、十字路で、とくに周りの建物が建て替えられたりしていると、（これは認知症の人には限らないだろうが）分からなくなるそうだ。

　ところで、考えてみれば、筆者は観光客としてヴェニスを訪ねたのである。長年そこに暮らし続けている人に

とっては、小道が複雑に枝分かれしているといっても、昔からの街並みの特徴に馴染んでいるならば、迷いにくいだろう。地元の認知症の人にとってのヴェニスは、分かりやすいはずであり、車が走っていないのも安心である。仮にぼんやりとしていて道を間違えたとしても、すぐに運河の景色が違っていることに気づくだろうから、迷ったままに歩き続けることは考えにくい。

確かに、どこに行くにも長い歩行が求められるヴェニスは、体力が衰えた高齢者には厳しいし、車椅子を使うようになれば、生活自体が困難になりそうである。しかし、足腰が丈夫である限りは、ニューヨークよりもヴェニスの方が認知症にやさしそうではある。

3. 日本の都市計画の問題点

筆者が昔から気がかりに感じていたことは、日本の都市計画が、ヴェニスのような街をニューヨークのような街に造りかえることを目標にしてきたように思われてしまうことである。日本の多くの都市の都市計画図を見ると、密集した市街地の狭い道を拡幅する計画が描き込まれていることが普通である。

日本の都市計画には、土地を買収することなしに、細く曲がりくねった道を、幅の広い真っすぐな道に造りかえるための「区画整理」という都市整備の手法がある。また、日本の都市再開発は、狭い路地に建つ建物などを

すべて取り壊し、そこに大きなビルに建てるという手法で行われているのだが、こうした手法が長年にわたって多用されてきた結果、多くの市街地や集落から個性が失われただけでなく、（認知症の人にとって分かりにくいとされている）一様な格子状の街路パターンが広がってきたように感じる。

　また、街の中にあった川や運河、溝が埋め立てられて地下水路になり、水面がコンクリートで蓋をされてしまい、分かりやすい特徴が失われてきてもいる。

　さらに日本では、ニューヨークのような超高層建築が建てられるように、1968年の都市計画法の全面改定を受けて1970年に建築基準法改正が行われ、それまでの31mの建築物の高さ規制に代えて、容積率や道路・隣地斜線制限を全面導入してきたという歴史がある。つまり、昔ながらの街路を真っすぐの道に造り直していく街路整備が続けられる一方、もともと建っていた古い建築を陳腐化させ、モダンな都市への造り替えが誘導・促進されてきた。

　第2章のあとのコラムで、スコットランドの人たちがニュータウンのリヴィングストンが「認知症にやさしくない」町だと言っていたことを紹介したが、リヴィングストンには、日本の多くの地方都市の（とくに郊外の）環境との類似点があることを指摘しておきたい。

　日本の地方都市の郊外住宅地の街路パターンは、アクセス道路がカーブして枝分かれしていたり、あるいはリ

リポップ（柄のついた丸いアメ玉）型の街路パターンになっていて、道が行き止まりになっていることは少なく、たいていは格子グリッドの小さな街区から構成されている。しかし、車社会の進展とともに、多くの地方都市では、大規模なショッピングモールやショッピングセンターが郊外につくられ、道路沿いのあちこちに自動車客の利用に便利なコンビニエンスストアなどがつくられてきた結果、中心地が衰退してしまった。

　つまり、車社会の進展にともなって無秩序にスプロールしてしまった日本の地方都市の多くは、リヴィングストンのようには計画されていないものの、やはり車なしで生活することが困難になっており、認知症にやさしい、歩いて生活を楽しめる環境ではなくなってしまっているのである。

　それどころか、日本は現在、急速な高齢化とともに、人口が大きく減少していく局面にあり、空き家や空き地が急増している。市街地がスポンジ状に空洞化しつつあり、都市環境の危機に至っている。

　また、都市空間における道路や上下水道、電気や電話電信ケーブルなどのインフラの維持、物品の配送やゴミ収集などの都市サービスが不効率になっていく一方で、景観の荒廃が進んでいる。

　こうした危機に対処すべく、政府は2014年になって立地適正化計画を創設し、都市のコンパクト化を目指し、都市計画制度の新たな運用のあり方を模索し始めている。

あまりにも遅すぎであり、しかも、実効性が期待できない対応である。

　本章では以下に、「認知症にやさしいまちづくり」を進めるために、ハード面の環境整備に取り組んでいくことが、認知症への対策になるだけでなく、日本経済を再び元気にしていくことにつながる、ということを述べていきたい。

　しかし、「認知症にやさしいまちづくり」を進めていくには、制度的・文化的なものを含めた、さまざまなハードルを越えていく必要があることを指摘しておく必要があるだろう。

　ここで、認知症の人にやさしい町とはどのような町であるのかについて、バートンとミッチェルの研究を振り返っておこう。

4．認知症にやさしい町は、高齢者に
　やさしい町、ゆったりとした町

　バートンとミッチェルの研究は、軽度〜中程度の認知症（ミニメンタルステート検査の点数8〜20）の20名を含む、60歳以上の歩行可能な高齢者の研究協力者45名を対象に、協力者たちと一緒に町を歩きながら、彼らの様子を観察し、そのときに彼らが口に出した思いや訴えを聞きとっていくという手法で行われたものだ。この研究手法から分かるように、（認知症の人を含む）高齢者に

やさしい「歩くことができる」環境デザインに焦点をあてた研究である。

しかしながら、こうした環境デザインは、実は高齢者や認知症の人にやさしいだけでなく、乳幼児や子供たち、若者たち、働き盛りの人たちを含めて、すべての人にとってもやさしい（あるいは住みやすく快適だ）、ということを述べておきたい。

第1は、乳幼児や子供たち、若者たち、働き盛りの人たちも、やがては歳をとるということである。とくにハード面のまちづくりには時間がかかるから、今から始めても、高齢者や認知症の人にやさしい環境が実現していくのは、現在の若者たち（あるいは子供たちや乳幼児）が高齢期を迎える頃かもしれないし、さらにその後になるかもしれない。

ということは、認知症にやさしいまちづくりは、現在（あるいは近い将来）の認知症の人々のためというよりも、むしろ2〜3世代後の日本のために必要なのだと考えるべきなのだろう。

また、認知症は必ずしも高齢期になって発症するとは限らない。働き盛りの人たちも認知症になる蓋然性がある。認知症になっても安心して暮らし続けられるような、認知症にやさしいまちづくりを進めていくことは、長い目で見れば、すべての人にやさしい日本の国土環境を構築していくことを意味している。

第2には、環境デザインについてバートンとミッチェ

ルが見いだした、①「馴染んでいる」、②「分かりやすい」、③「特徴がある」、④「アクセスしやすい」、⑤「快適である」、⑥「安全である」という6つの原則は、決して認知症の人や高齢者に対してだけやさしいのではなく、乳幼児や子供たち、若者たちや働き盛りの人たちに対しても、やさしいデザインだと言えることである。

　もちろん、子供たちや若者たち、元気な働き盛りの人々のほとんどは、馴染みのない分かりにくいところでも、これといった特徴がなく単調なところでも、アクセスが困難なところでも、とても快適だとは言いがたく不安を感じるようなところでも、果敢にチャレンジしていき、環境に順応していく可能性がある。

　しかし、さまざまな障害者の人たちだけでなく、元気な健常者でも、こうした環境を苦手にしている人々は数多くいるはずだ。事実、車優先の道路には、人々が集まらないことが知られている。高齢者や認知症にやさしい環境は、すべての人々を分け隔てることなく受け入れることができる環境であり、誰にとっても望ましい環境だと言えるのだ。

　第3には、認知症にやさしい環境は、当然、外来者や観光客などにもやさしいということである。分かりやすく、特徴があり、アクセスしやすく、快適で、安全だという「認知症の人にやさしい」環境デザインは、訪問者のストレスを減らし、滞在を気軽で快適なものにするだけでなく、（たとえばヴェニスのような）特徴のある街

並みは、その環境を味わうという経験そのものが、訪問や滞在の目的になってくる。

　認知症にやさしい町は、分かりやすい町であり、訪問者にやさしい町でもある。認知症にやさしい町は、歴史的な味わいを残している町であり、訪問するべき本物の魅力がある町でもある。認知症にやさしいまちづくりは、昔ながらの国土の景観を取り戻していくことでもあり、（日本がこれから進めようとしている）観光立国としてのイメージを膨らませるようなまちづくりでもある。

　訪日外国人観光客は、近年、急増しているものの、彼らの多くは経済発展によって豊かになってきたアジアの近隣諸国からであり、ビザ取得が緩和されてきたことや、格安航空便の増加、また、近年の円安の進行によって訪日旅行が安くなってきたことなどが、訪日観光客増加の主な理由であり、日本の景観や文化財の整備が進んだわけではなく、訪問者にやさしい町としての魅力が高まったわけでもないことを認識しておくべきだろう。

　これからの観光立国としては、歴史的な景観を整備するとともに、分かりやすく、特徴があり、アクセスしやすく、快適で、安全な、認知症にやさしいまちづくりを進めるべきなのだ。

5．認知症にやさしい町は、
　徒歩で生活ができる町

　スコットランドの町の多くが、バートンとミッチェルの研究結果に照らして、すでに認知症にやさしい町としての（ハード面の環境）条件のほとんどを満たしていることを、筆者が発見した経緯については第2章で述べた。

　スコットランドの小さな町では、中心の通りに商店などが集まっており、中心地の周りの市街地はコンパクトにまとまっている。したがって、町の中心地にあるサービスや施設には徒歩で（おおむね800m以内で）アクセスができる、徒歩での生活がしやすい町である。

　さらに、イギリスでは、昔の建物のほとんどが保存建築に指定されており、（とくにスコットランドでは）中心地の全体が保存地区に指定されていることがほとんどで、建物の改造や用途の変更には、厳しい条件が課されている。

　居住者にとって昔から馴染みがある町の環境は、分かりやすい。中心地には（夜は閉まってしまい、有料であったりはするものの）公衆トイレがあり、ベンチが町のあちこちに置かれている。自然を味わうことができる広い公園などのオープンスペースも、歩ける範囲に用意されている。つまり、認知症にやさしい町になっているのである。

こうしたスコットランド（あるいは多くのヨーロッパ諸国）の小さな町に比べると、日本のほとんどの町のハード面の環境は、残念ながら認知症にやさしくなっていない。

　実は筆者は、2017年に京都で行われた認知症についての国際会議において、このことを発表した。

　認知症の本人たちが生活の質として重視している「社会的な関わり」とか「健康」といったことは、家に閉じこもるのではなく、外に出られることが重要であることを指摘した上で、バートンとミッチェルの研究結果を示し、とくに地域サービスや施設への徒歩によるアクセシビリティについて、スコットランドと日本の小さな町を比較すべく中縮尺（1/25,000）の地図を示してみたのである。

　スコットランドの小さな町（人口5000〜1万人程度）は市街地と農村部との境界が明瞭であり、市街地はコンパクトであり、市街地のほとんどが、中心から800mの円内に含まれてしまうのに対し、日本の町は、市街地と農村部との間に明瞭な境界がなく、入り交じっていること（これを「バラ建ちスプロール」とも言う）が普通であり、人口規模のごく小さな町であっても、市街地が800mの円内に収まることが稀なのである。

　スコットランドの町の市街地がコンパクトに保たれているのは、イギリスでは道路沿いの開発（これを「リボン・ディベロップメント」と呼ぶ）を規制する法律が、

すでに（自家用車が普及する以前の）1935年の時点において制定されており、市街地のスプロールが規制されてきたからでもある。

　一方、日本の町では、道路沿いの開発は野放しであり、スプロールした市街地が普通の光景になってしまっている。市街地のスプロールは、農用地や林地などを転用することによって、戸建て住宅や集合住宅・商業施設・公共施設などの開発が、もっぱら車の利用者に向けて、既存市街地をはずれた郊外において無秩序に行われてきた結果である。

　日本の地方都市における中心市街地の衰退や郊外化は、車の普及にともなう必然的な結果だと思われがちであるが、これは間違いであることを強調しておきたい。

　というのも、郊外化という現象はアメリカでは顕著であったが、スコットランドに限らずヨーロッパの国々では、日本と同じように自動車が普及しているにもかかわらず、地方都市や小さな町や村の中心部のほとんどは寂れていないからだ。

　つまり、日本（やアメリカ）の多くの町では車なしでの生活が困難になってしまい、認知症にやさしい（ハード面の）まちづくりができていないというのは、（急速な経済成長にともなう急激な都市化という、戦後の日本が抱えていた状況はあったものの、本来であれば、その気になりさえすれば）対処していくことができたはずの問題だったからである。

筆者は30年ほど以前から、ヨーロッパ各地の魅力的な町や村を訪れては、その街並みを撮影し、いくつかの本にまとめたりもしてきた。また、まちづくりについての考え方や行われている都市計画（つまり、土地利用のさまざまな変更にあたって、ヨーロッパの自治体政府はどのような場合にどのような介入を行うか？）についても紹介してきた。

　筆者の願いは、日本の町や村をもっと美しく住みやすくしていくことにつなげたいということでもあったのだが、残念ながら、日本の町や村の混乱した景観には、ごく一部を除いて、一向に改善の兆しが見られない。それどころか、人口の減少にともない、むしろ急速に悪化しつつあるようにさえ見える。

　日本は江戸末期の開国以来、先進諸国に追いつくべく近代化＝欧米化による経済発展に邁進してきた。このキャッチアップ過程は急速であり、その結果、都市化（農村から都市への人口移動にともなう都市的な土地利用の拡大）がヨーロッパ諸国に比べると、著しく急速であった。結果として、とくに大都市においては土地価格が著しく高騰し、地方都市においても、車社会の進展とともに、郊外の農地や林業地における開発圧力が高まった。

　車の利用者のための大きな駐車場を持ったアメリカ型のショッピングセンターやショッピングモールが、徒歩でのアクセスが困難な遠方につくられるようになるとともに、徒歩圏の中心にあった昔からの商店街が衰退し、

中心市街地の全体が荒れ果てた姿を晒すことになってしまった。こうした町は、高齢者や認知症の人たちに限らず、子供たちや若者をも含めて、すべての人にとって、やさしい町だとは言えない。

　日本でも近年では、コンパクトシティという考え方や歴史的景観づくりに取り組む例が増えてはいるものの、コンパクトシティを実現していくための基本は、市街地内に空き家や空き地が増殖していかないようにしていくことである。

　たとえばイギリスの都市計画では、空き家や空き地が生じている場合には、空き家や空き地の利用を最優先し、新開発を抑制することに最重点を置いている。しかしながら日本の多くの地域では、人口の減少にともなって既存市街地がスポンジ状に空洞化し、空き家や空き地があちこちに増えていく一方、新たな住宅開発や集合住宅の建設が行われていたりする。

　日本において認知症にやさしいまちづくりを進めていくためには、ソフト面だけでなく、ハード面の環境もまた重要である。ハード面の環境が整っていてこそ、認知症の人たちの外出が促され、認知症の人たちが「生活の質」として重視している社会的な関わりが、ごく自然な形で実現できるからだ。徒歩での生活がしやすく、徒歩での外出が促されるような環境は、認知症の人たちにやさしいだけでなく、認知症の発症を予防していくために

も望ましい環境である。

　認知症にやさしい町は、徒歩での生活ができる町であり、自然環境を楽しめる町である。このような町は、障害者の人たちなどの弱者にやさしい町であり、すべての人にやさしい町になるはずである。

　言い換えれば、認知症にやさしい町は、人々が暮らしてみたくなるような魅力を備えた町であり、とりわけクリエイティブな若者たちが集まる町である。歴史的な風情や景観を大事にし、徒歩での生活を重視したまちづくりは、認知症の人々にやさしいだけでなく、経済的にも活気に溢れたまちづくりにつながることが知られている。

　町の景観とか都市環境といったものは、自ら現地に足を運び、できれば（長く）住んで体験してみて、やっと、素直に分かったと感じられるのではないかと思う。他人の話を聞いただけではなかなか理解できないのである。

　日本のまちづくりがうまくいっていないのは、日本がユーラシア大陸の東端の島国であるという、地理的条件にも関係がありそうである。ヨーロッパの国同士であれば、長い休暇を過ごすために、車で外国を訪問することも多い。人々の行き来も多く、外国人の居住者も多い。さまざまな町の魅力や特徴について、お互いに外国の事情に通じている。まちづくりや都市計画に関する情報交換も活発だ。そうした情報から、どういうやり方がうまくいき、どういうやり方が駄目なのかといったことを互いに学び合っている。

　認知症の分野では、現在、こうした国を超えての情報交換が、世界的規模で活発に行われている。科学的な知識は、国境を越えた情報交換によって進歩してきたのだが、認知症の分野についての考え方や知識は、現在大きく変わってきており、どこの国も自分の国だけでなく、世界中からの優れた実践例やアイディアを求めている。

　日本で始まった認知症サポーターというアイディアは、認知症フレンズと名前を変えて、イギリスやスコットランドに導入されていることは、すでに本書で述べた。認知症リスクが最も高い国である日本におけるアイディアや実践例の中に学ぶべきことがないだろうかと、諸外国が注視しているのである。認知症にやさしいまちづくり（認知症フレンドリーな共同体 = Dementia-Friendly Communities）にも、さまざまな国が挑戦している。

　認知症の人たちを地域で支えるためには、GPS とかロボット技術に代表されるような技術的工夫とか、認知症の人たちの地域交流の場としての認知症カフェといったソフト面の対策だけではなく、認知症の人を含めた地域のすべての人々が徒歩での生活を楽しむことができるような、ハード面でのまちづくりのあり方も、問われるはずだ。

　しかし、このための都市計画（土地利用を計画的に進めていくこと）、さらには土地に関わる制度的な枠組みに、日本の弱点がある。この弱点のために、日本の地方

都市や町や村の多くでは、空き家や空き地が急速に広がっており、車なしでの生活が困難になっている。コンパクトシティという掛け声とは裏腹に、中心市街地が衰退し、市街地のあちこちに空き家や空き地が点在するような、都市のスポンジ化が進んでいる。

認知症にやさしいまちづくりを進めていくためには、こうした弱点を直視し、根本的な原因を追求し、対処していかねばならない。都市計画や土地制度に関わる弱点を克服して初めて、すべての人が暮らしやすい日本が実現していけるはずである。

ちなみに、筆者はだいぶ以前、賃貸アパートの急増と、それにともなう空き家の急増に危機感を持ち、学生たちと群馬県の伊勢崎市、千葉県の佐倉市、木更津市を調査したことがある。

伊勢崎市では、1986年に543戸であった民間集合住宅の戸数（空き家率は10.1％）が、2001年には7301戸（空き家率49.3％）へと急増。佐倉市では、1990年に1898戸であった民間集合住宅の戸数（空き家率は11.9％）が、2006年には6237戸（空き家率37.5％）へと急増。木更津市では、1990年に408戸であった民間集合住宅の戸数（空き家率は7.8％）が、2006年には2215戸（空き家率52.2％）へと急増していたのである。

しかしながら、日本では賃貸アパートの建設をストップすることはおろか、スローダウンさせる試みすら、これまでなされていない。節税を謳い、賃貸アパート経営

を促すテレビＣＭなどが今なお盛んに放映されており、業者のセールスマンが各地の地主たちを相も変わらず訪問している。日本の都市やまちづくりをめぐる問題は、末期的であって手遅れのようにさえ思える。

　しかしながら、厳しさを増しつつある財政状況のもとで、急増している認知症の人たちを地域で支えていくためには、そして、日本を再び元気にしていくためには、まちづくりの現状のあり方を根本的に変革していくことが急務であることは明らかだろう。

コラム：イギリスのソーシャル・ワークとチャリティー団体について

　ソーシャル・ワークというのは、困難を抱えている人々や家族（とくに子供や高齢者、障害者といった社会的に弱い立場の人々）を支え、救いの手を差し伸べることによって、そうした人々の生活を改善していくための仕事である。日本には1987年以来、社会福祉士および介護福祉士という国家資格ができている。社会福祉士は certified social worker と英訳されており、市町村の地域包括支援センターにおける必置資格にもなっている。

　イギリスにおいてソーシャル・ワーカーとしての仕事を行うためには、大学において３〜４年間のソーシャル・ワークについての専門教育（他の分野での優等学士

の保持者については、大学院での修士教育）を受けた上で、職能協会（イギリスではイングランド・ウェールズ・北アイルランド・スコットランドの４団体がある）に登録されねばならない。ソーシャル・ワーカーは、医者や弁護士といった職業から連想されるような社会的に高い地位を持った職能である。

　一方、介護福祉士（certified care worker）といった介護についての専門資格はイギリスには存在していない。

　ケアホームなどにおいて介護に従事する人は、ケア・ワーカーと呼ばれているが、この仕事には専門的な知識や技能が求められておらず、日本のような資格はない。したがって、イギリスのケア・ワーカーは低賃金の職であり、その社会的な地位は低い。

　筆者はかつて、「日本に見習って介護に資格を導入すべきだ」という提言を行っているイギリスの論文を送ってもらったことがある。認知症の人々に対する介護のように、介護の役割が重視されている分野では、ケア・ワーカーに資格を導入している日本の先進性を見習うべきだと書かれていたのである。

　また、本書の序章や第３〜４章で述べたように、イギリスにおける認知症フレンズの養成は、日本の認知症サポーターの養成に倣った取り組みでもある。認知症対策のような新たな試みを必要とする分野では、国情や文化の違いを超えた経験の共有（あるいは違いについての認識）といったことが役立ち得ると考えられているのだが、

やはり制度や文化的な違いを無視することはできない。

　イギリスのソーシャル・ワーカーは、自治体などの公的機関における福祉相談支援の仕事を行うだけではない。この本でこれまで紹介してきたさまざまなチャリティー団体などでもソーシャル・ワーカーが働いている。同じ職種であれば、同等の賃金が支払われるからであるが、チャリティー団体が強い財政基盤によって支えられているからでもあろう。

　ソーシャル・ワーカーは専門職であるから、公的機関やチャリティー団体に所属せずに個人で独立して行うことも可能だということである。別組織への転職や異動も多いようだ。そして、読者はすでにお気づきだと思うが、イギリスのソーシャル・ワーカーのほとんどは女性であり、これがソーシャル・ワークという仕事の特徴だろう。

　認知症にやさしいまちづくりを行っていくにあたり、チャリティー団体を財政的に支援しながら育てていくというのは、日本においてソーシャル・ワークという専門的な職業の枠を拡げていき、その地位を高めていくとともに、多くの女性たちに活躍の場を提供することにつながっていくことが期待できるように思う。

第　7　章
認知症にやさしい
共同体（コミュニティ）とは？

1．サードプレイス

「サードプレイス」という言葉がある。第一の居場所である自分の家ではなく、職場や学校という、義務的な第二の居場所でもない。地域のお店、居場所やバー、喫茶店やカフェ、といったような地域コミュニティの核となっているような第三の居場所である。

　そこには常連さんたちに加えて、時には一見^{いちげん}さん、観光客たちといった人々がやって来る。自発的に会話が始まり、のんびりとしていて急^せかされることがない。気楽でくつろげる場である。

　日本の多くの地方都市の中心市街地が衰退している中で、寂れた街が、夜になるとやや輝き始めるのが不思議だ。廃れた中心市街地にも、案外に居酒屋やバー・スナックなどが残っているからだ。赤提灯^{ちょうちん}や小さなネオン、ライトが点^ついた看板、暗闇に浮かび上がり、人が集まってくる。そして情報交換が行われる。

　サードプレイスは、居酒屋やバーなどには限られない。小料理屋、レストラン、美容院、床屋、工芸品・アーティスト・ショップ（芸術家のアトリエ・展示ショップ）、ケーキ屋・パン屋・品揃えの良い酒屋（ワインショップ）などの客商売があれば、コミュニティ施設やボランティア施設、図書館・資料館・博物館などもある。イギリスの居酒屋であるパブ（パブリック・ハウス＝公共の

家）は、宿屋を兼ねていることが多い。旅人のための宿泊施設に地元の人々が集まってくるのだから、典型的なサードプレイスだとも言えよう。

　こうしたサードプレイスは、街の中の建物には限られない。屋外の通りや広場・公園といった公共の外部空間もまた、人々が急かされずに、周りの景色や様子を眺めながら、くつろいでいられる場であれば、そのような公共空間はサードプレイスである。日本には少ないが、地域の人々が集まってくつろぐことができる町の広場とか、歩行者がのんびりと過ごせる街路や路地などだ。さらには、人々に開かれた公園や森林、山や丘、川辺や海辺などもサードプレイスだろう。

　イタリアなどでは、町の通りや広場で多くの人々がくつろいでいる姿を見かけるが、昔はそういう光景が、日本の通りや路地裏でもよく見られたものである。

　サードプレイスは、誰もが周りの人たちに気兼ねせずに振る舞うことができ、くつろいで楽しめるような場所である。お店などであれば、オーナーや従業員、常連の客たちが、新しいお客をさりげなく歓迎することが重要だろうし、街路や公園などの公共空間でも、誰もが歓迎されていると思えるような雰囲気づくりが重要であろう。

　現在、認知症の人たちが気軽に集まることができるサードプレイスとしての認知症カフェをつくろうという動きが、各地で進んでいる。本書の第4章にスコットランドにおける認知症の人たちに向けた活動を紹介したが、

認知症カフェもそうした取り組みのひとつである。

　自分が住む周りの公共空間や公共施設、また商業施設などの町全体が、さまざまな障害者や高齢者、認知症の人たちをも含めて、すべての人を受け入れるサードプレイスとして感じられ、そこであらゆる人々が自由に過ごすことができるような空間がつくられていくならば、それこそが「認知症にやさしいまちづくり」であり、認知症の人たちを含むすべての人たちにとっての魅力に溢れたまちづくりになるのであろう。

　さて、そうしたサードプレイスは、どのようにしてつくられるのであろうか？

2．コミュニティ（共同体）とボランティア

「認知症にやさしい町」を英語では、認知症フレンドリーな共同体（Dementia-friendly Communities）と呼んでいる。共同体（コミュニティ）とは、地理的な意味での共同体という場合のほか、スポーツや趣味などの仲間といった意味でも用いられている。

　ちなみに、第3章・第4章に紹介したスコットランドの「ライフ・チェンジ・トラスト（LCT）」は、これら2つのタイプのコミュニティの認知症フレンドリーな活動を助成していたのである。

　認知症の人々が自宅での生活を続けられるように、地域の人々（地域のボランティアたち）が参加することに

　よって、認知症の人たちが暮らしやすいような共同体
（コミュニティ）を育てていこうという新たな考え方は、
日本やイギリスだけでなく、多くの国々に拡がってきて
いるようである。

　たとえば、「アルツハイマー・スコットランド」の活
動に鼓舞されたドイツでは、2004年にロベルト・ボッシ
ュ財団が認知症への取り組みをはじめ、2006年からは
「認知症にやさしいまちづくり」を支援するプロジェク
トが各地で施行されており、これらのプロジェクトをレ
ヴューした本がまとめられている（V.Rothe ほか：
Staying in Life, 2017）。

　現代のドイツのような先進国社会は、個人個人が地域
において孤立し、高齢者の一人暮らしが一般的になって
いる。ドイツ社会において、認知症の人たちを孤立させ
ないように手を差し伸べていくためには、昔のような共
同体（あるいは、近所仲間のつながり）を取り戻してい
くことが求められていると考えられているのである。

　認知症の人たちに手を差し伸べていくには、認知症へ
の正しい理解とともに、認知症の人たちもまた自分たち
と等しい権利を持っているのだという意識が、人々のあ
いだに広く共有されることが重要だから、そうした知識
や意識が広まっていけば、人々がボランティアとして、
自然に手を差し伸べるような、認知症にやさしい、フレ
ンドリーな共同体（コミュニティ）になっていくと期待
しがちである。また、認知症への支援活動において必要

とされる人手を、ボランティアが補ってくれるのであれば、財政的にも大助かりだろう。

　しかしながら、ドイツにおけるレヴューによると、不足する人手を、無報酬のボランティアによって穴埋めするというような発想は、根本的に間違っているのである。

　第1章において、スコットランドでは、自治体政府はボランティア団体に「お金は出すが、口は出さない」ということを述べた。ボランティアたちは自分の意志で、自分の得意なことを生かして、他人に指図されることなく自主的に活動できることが、自分への最大の報酬となっている。だからこそ、ボランティアたちは金銭的な報酬がなくても、（しばしば情熱を持って）活動を続けることができるのである。

　人手が不足しているからといって、誰でもできるような雑用的な半端仕事を、しかも他人の指図に従わせられるのであれば、（仮に当初は活動目的に強く賛同しているとしても）活動意欲はすぐに萎えてしまい、続けていくことはできないだろう。

　雑用的な仕事であれば、ボランティアといえども、必要経費の支払いに加えて、労働提供の見返りとして相応の報酬を求めるだろう。ボランティアとしての労働は、他の賃金労働の機会を犠牲にするのであるから、無報酬でのボランティアが動員できないとなれば、賃金を支払わねばならない。

　実際、ドイツではボランティアに対しても、賃金が支

払われることが多いようなのであるが、そうなると、ボランティアは、低賃金の労働者ということになり、スタッフよりも一段低く見られることになる。

　いずれにせよ、認知症にやさしい社会の担い手としてボランティアに大きな期待が寄せられている。

3．ハード面のまちづくりの必要性

　日本の新オレンジプランにおいては、認知症にやさしい地域づくりにおけるハード面の整備も含まれている。

　しかしながら、ハード面の整備として謳われているのは、市街地の（身障者や車椅子に対応した）バリアフリー化の推進や、サービス付き高齢者住宅の建設促進といったことに限定されており、本書の第1章において紹介した、認知症の人たちにやさしい町のデザインについての研究結果に照らした意味での認知症にやさしい（ハード面の）まちづくりとは、かなりの隔たりがあるように感じられる。

　つまり、車椅子に対応したバリアフリー化の推進や、サービス付き高齢者住宅の建設促進などだけでは、地域の自宅で暮らし続ける高齢者や認知症の人たちの（ハード面における）「生活の質」を高めていくには、不十分ではないかと筆者は危惧するのである。

　というのも、バリアフリー化や高齢者住宅の建設などによって、日本の都市の環境を、①「馴染んでいる」、

②「分かりやすい」、③「特徴がある」、④「アクセスしやすい」、⑤「快適である」、⑥「安全である」というミッチェルとバートンが見いだした6つの原則を満たした環境へと造りかえていくことは、できそうにないからである。

日本の地方都市の多くは、自動車の普及とともに、徒歩でのアクセスが困難な郊外へと市街地が無秩序に拡大してしまっている。そして、無秩序に拡大してしまった市街地こそが、ミッチェルとバートンが見いだした、認知症にやさしい環境デザインとは真逆であることが分かるのである。

つまり、無秩序に拡大した市街地は、①「馴染めず」、②「分かりにくく」、③「特徴がなく」、④「アクセスしづらく」、⑤「不快で」、⑥「危険である」からだ。こうした環境は、高齢者や認知症の人たちだけでなく、すべての人にとってもひどく住みにくい環境である。

認知症にやさしい（ハード面の）まちづくりを進めるには、バリアフリー化の推進やサービス付き高齢者住宅の建設促進といった対策では明らかに不十分（あるいは的外れ）であり、これまでの日本の都市のあり方（あるいは建築やインフラの整備のあり方）を抜本的に変えていくような努力を必要とすることが想像できると思う。

以下、この章では「認知症にやさしい（ハード面の）まちづくり」を考えるにあたって、日本の都市づくりにおける構造的な問題を取り上げていきたい。

　というのも、本当の意味での「認知症にやさしい（ハード面の）まちづくり」は、構造的な問題を解決することなくしては、小手先の工夫をいくら凝らしても、なし得ないと思われるからである。

　ところで「認知症にやさしいまちづくり」という目標は、それだけの努力に値するのであろうか？
　筆者は「値する」と考える。というのは、「認知症にやさしいまちづくり」は、急激な人口減少に直面し、市街地のスポンジ化現象が生じている日本において、市街地のコンパクト化を実現し、認知症の人を含めたすべての人にとっての「サードプレイス」を提供していくことにほかならないからである。
　これは「すべての人にやさしいまちづくり」になるだけでなく、日本の国土を効率化していき、日本を再び元気にしていくことにつながるだろう。言い換えれば、現在の日本が直ちに取り組むべき差し迫った課題なのだ。

4．日本のまちづくりにおける 構造的な問題点

　日本の昔からの伝統的な街並みは、交通手段が主に徒歩であったために、道幅が狭く、歩道が設けられていないものの、道路に面して町家が並ぶというパターンは、ヨーロッパの魅力的な街並みの多くと共通だ。

こうした「分かりやすい」街路パターン、「馴染んだ」街並みが、日本の都市空間から失われてきたために、日本の町のハード面の環境の多くは地域的な個性に乏しく、認知症の人にやさしくないことの理由のひとつである。

　しかし、認知症の人や高齢者にとって日本の（とくに地方の）町がやさしくないのは、車を使わない徒歩での生活が困難になっているからでもある。その結果、日本の町の中心部の多くから、人々の姿が消えてしまったのである。

　日本の都市計画においては、有用で不可欠な手段としての区画整理が汎用されてきた。これには戦後の農地改革によって、土地所有が著しく細分化されたことも関係しているのであろう。そして、道路の拡幅や区画整理によって、「馴染んだ」昔の街並みが造り変えられていった。

　旧市街地における大規模な道路拡幅などは、ヨーロッパ諸国における都市計画では、最も行うべきではないとされている開発パターンなのであるが、日本では中心市街地の改造こそが都市計画の目標であるように考えられてきたように思える。

　このことは、日本の経済発展にともなう都市化が著しく急速だったことに加えて、自動車交通の増加もまた急速であり、それに対応して道路の建設や拡幅を進めていく必要性が強く感じられてきたからであろうが、このことによって市街地を通り抜ける通過交通が増えてしまい、

歩行空間の快適性が失われ、同時に、市街地郊外での無秩序なスプロールや、混乱した街並み景観が生じてしまった。

　言うまでもなく、スプロールした市街地や混乱した街並みの景観は、認知症の人たちにとっての暮らしにくい環境である。しかし、日本の現在の都市環境には、さらなる根本的な問題が存在していることを指摘しておく必要がある。

　日本は、バブル経済の収束とともに現在、急激な高齢化にともなう人口減少の局面を迎えており、空き家や空き地の急増が深刻な社会問題になりつつある。しかしながら、これまで開発や建て替えを志向してきた日本では、市街地の拡大を制御できずにいる。

　無秩序にスプロールした住宅地では、車なしでの生活が困難であるから、高齢化によって、車の運転が不自由になれば、多くの「買い物難民」と呼ばれる人々が生じてしまう。スプロールした住宅地や、混乱した街並み景観は認知症の人々にとってだけでなく、すべての人にとっても、やさしい町ではない。

　日本では、認知症の人たちを含め、すべての人たちの「生活の質」を損なうようなハード面のまちづくりが行われてしまっただけでなく、未だに多くの地域で、続いているのである。

　ところで、アメリカの郊外住宅地のほとんどもまた、車なしでの生活がほぼ不可能だと言えるような環境であ

る。アメリカの高齢者や認知症の人は、どのように対応しているのであろうか。

　彼らの多く（少なくとも良好な郊外住宅に住んでいるような所得階層にある人々の多く）は、引退後、それまで住んでいた住宅を手放して、新たなコミュニティ（これをCCRCと呼ぶ）に移り住むというのが普通のパターンだということである。CCRCは、車に頼ることなく、さまざまな人たちと交流し、趣味活動などを楽しみながら、人生の最後までケアを受け続けることができる引退者のための住宅地である。

　逆にいえば、アメリカでは（また、オーストラリアなどもそうだが）、それまで住んでいた郊外住宅を（十分に高い価格で）売ることによって、CCRCに移り住むことができるような仕組みになっていることが分かる。

　ところが日本では多くの人々が、老後に備えて住宅費や生活費を節約して貯蓄に励んでいる。このために個人消費が増えず、デフレ経済から脱却できないことが大きな経済問題になっている。

　一方、アメリカやイギリスなど、ほとんどの国では、日本ほどには貯蓄に励む必要がない。生活を充実させるために住宅にお金を使ってきたことが、そのまま老後への備えとしての貯蓄につながっているからだ。

　なぜ、日本だけが違うのだろうか？

　筆者は日本における「認知症にやさしいまちづくり」のハード面における改善策について、さまざまな角度か

ら考え続けてきて、やっとこの根本問題の存在にたどり着いたのである。

　国土交通省「中古住宅流通促進・活用に関する研究会」（2013年6月）の資料によれば、2008年の日本の中古住宅取引数は17.1万戸、新築住宅着工戸数は109万戸である。中古住宅の流通シェアが13.5％を占めていることになるが、この数字が著しく低い（あるいは日本の新築住宅着工戸数が異常に大きい）のである。

　たとえばアメリカの2009年の数字では、中古住宅の流通シェアは90.3％にも達しており、新築住宅着工戸数は日本の約半数の55.4万戸でしかない。同年のイギリスやフランスでも、中古住宅の流通シェアはそれぞれ85.8％、64.0％と日本の13.5％に比べるとはるかに高い（新築住宅着工戸数はそれぞれ11.8万戸、33.4万戸であり、日本よりもはるかに少ない）。

　これらの数字は、2006年のアメリカにおけるサブプライム・ローン危機に端を発した世界経済危機の影響がまだ深刻であった頃のものである（そのためにアメリカの新築住宅がとくに少なく、逆にフランスでは景気対策などのためにやや多くなっている可能性がありそうである）ことを考える必要があるものの、これらの数字の比較から明瞭に分かることは、日本では異常に多くの新築住宅が建設されているということである。

　このことは、日本には根本的な問題が潜んでいる可能

性があることを窺わせる。前章末において述べた、民間アパートの急増や、それにともなう空き家の急増といった現象も、この根本的な問題から派生しているはずである。

　人口の減少が明らかになっている日本において、大量の新築住宅を建設していくことは、空き家や空き地をさらに増加させ、環境を悪化させ、国民を貧しくしていくことを意味する。

　空き家や空き地の増加は、①「馴染んでいる」、②「分かりやすい」、③「特徴がある」、④「アクセスしやすい」、⑤「快適である」、⑥「安全である」という、認知症にやさしいまちづくりの原則にも真っ向から対立している。

　住宅建設へ使われている多大な資金は、社会的な利益にはつながらず、逆に社会的な損失をもたらしていることが明らかだ。

「社会的」とは、すべての人たちを合計した立場のことである。換言すれば、住宅投資が行われることによって「得」をする人たちの「得」の合計よりも、「損」をする人たちの「損」の合計の方が大きい、ということである。「損」の合計が「得」の合計よりも大きければ、国の全体が貧しくなっていくことを意味する。

　では、なぜ、日本は、国民の将来を貧しくしてしまうような無駄な投資をし続けているのだろうか？　日本の仕組みのどこかに、諸外国とは著しく違った構造的な問

題が隠されているのではないだろうか？　このことを考えてみたい。

5．土地と建物についての考え方

　日本は、かつての1980年代後期のバブル期まで、土地の価格は上がり続けるものだという「土地神話」に強く囚われていた。とくにバブル期には、土地価格の高騰ぶりは世間の話題の中心だった。勤労者が勤労所得によって満足な住宅を購入することが、事実上不可能になってしまったからだ。

　考えてみれば、バブル期において問題とすべきだったのは土地価格ではなく、住宅価格であるべきであった。2006年のサブプライム・ローン危機をもたらした背景にも、住宅価格が上昇し続けていたという問題があった。しかし、日本では住宅価格ではなく、「土地」価格が問題だと捉えられてきた。

　本来、不動産というのは、土地と建物が一体となったものであり、切り離せないものである。たとえばフランス語では、ビルなどの建物や不動産を「動かせないもの＝ immeuble」といい、家具（や動産）は「動かせるもの＝ meuble」という。しかしながら、日本では動かせないものは土地だけであり、建物は家具などと同様、動かせるもののように扱っている。不動産の価格は土地と建物とに分けて計算し、固定資産税は土地と建物を分け

て課税している。建物が土地から「動かせるもの」のように扱われているのだ。

　40年ほど昔のことになるが、筆者はイギリス人の日本文化研究者として名高い故ドナルド・ドーア教授から、日本の不思議についての思いがけない言葉を聞いたことがある。彼は長いこと日本で暮らしたことがあり、日本文化には詳しいはずなのに、「なぜ、日本の家は、少しばかり庭が広かったりするだけの違いで価格がひどく高かったりするのだろう」と不思議がられたのだ。

　おそらく彼は、日本の文化や制度、人々の考え方や風習などは理解していたのであろうが、日本人が建物を土地から動かせるもののように扱っていることは、イギリス人の想像力の範囲を超えるものであったのであろう。

　日本だけが諸外国とは違って、土地と建物を別々のものだと考えているということは、結果として何をもたらしているのであろうか？

　たとえば、イギリスやアメリカ（や日本以外のほとんどの国々）では、住宅の価値とは土地を含んだ価値である。（土地を含んだ）住宅の価格が「主」であり、土地だけの価値は「従」（言い換えれば、住宅の価値から建設費を差し引いた、残りの価値）である。そして、「主」である住宅の価値は、どこに立地しているかに依存する。

　さらに、イギリスやアメリカ（や日本以外のほとんどの国々）では、大きな庭がある住宅だからといって、その庭に別の建物やアパートなどを建てて、賃貸したり切

り売りしたりといったことが自由にできるわけではない。そのようなことを許せば、立地環境を悪化させ、近隣の住宅の価値を低下させかねないからだ。

　つまり、こうした（周りに影響を与えるような）開発行為は、人々の所有財産の価値を奪いかねない行為であるから、都市計画によって規制するというのが世界の常識である。建物が似ていて立地環境にも違いがないのであれば、大きな庭を持つ住宅といえども、住宅の価格（土地を含む）はあまり変わらないのだ。

　スコットランドの小さな町では、中心部を含む広い範囲の市街地が保存地区に指定されていることを第2章において述べた。保存地区内の建物はそのまま維持することが求められており、ちょっとした改修などにも規制がある。また、保存地区以外の住宅であっても、老朽化して建て替える場合などでは、建て替える前と全く同じようなデザインにするのでなければ許可されないことが普通である。広い庭があるからといっても、そこに自由に建て替えることはできないのだ。

　そうであればドーア教授が、日本の住宅が庭が広いだけで価格がひどく高くなっているのを不思議に思うのは、ごく当然の反応であったことが分かる。住宅の建物や周りの環境が同様なのであれば、庭が少しばかり広いからといって、住宅価格がひどく高くなってしまうなどということはあり得ないのだ。

　こうした考え方は、アメリカ（や他の国々）でも同様

だ。土地と建物は一体であり、住宅の価値は、建物の状態や周りの環境によって決まってくる。だから住宅の所有者は建物の維持（さらには建物の品質を高めていくこと）とともに、周りの環境を悪化させないように（さらには環境を改善）していくことによって、自分の住宅の価値をできるだけ高く維持していくことに気を配るのである。

　既存住宅をきちんと維持していけば、住宅を新築する必要が減り、既存住宅の賃貸や中古住宅の売買取引が増えていくから、日本のように数多くの新築住宅を建てていく必要はなくなる。日本だけが、住宅建設に多大な投資をし続け、空き家や空き地を増やしながら貧困化の道をたどっているのは、日本だけが、土地と建物の価値を別々に扱っていることに関係しているのである。

6．まちづくりにおける常識とは何か？

　筆者の学生時代のことであるが、東京の中心部に大きな日本庭園を持っていた高級ホテルが、その庭園に新館タワーを建設することが計画された頃である。筆者は、知り合ったスイス人から思いがけない質問を受けたのである。

「すばらしい日本庭園をつぶして新館を建設することに、なぜ、東京の人々は反対運動を起こさないのか？」というのである。

「思いがけない」というのは、筆者もまた、多くの日本人と同様、この日本庭園がホテルの私有地である以上、そこに自分の建物を建てるのは自由だと思っていたからであり、スイス人の考え方がむしろ不思議に思えたからである。

　しかし、その後、イギリス（スコットランドのエディンバラ大学）で都市計画を勉強し、その後も世界各地を訪れたりするうちに、「日本の常識は世界の非常識である」ことに徐々に気づくようになってきたのである。

　たとえば、イギリスは民主主義国であるとともに資本主義の発生地のような国であるから、個人財産の所有権は法的にも強く保護されている。その点では他の資本主義先進諸国も同様である。

　しかし、土地の所有権というのは、あくまでも所有についての権利であって、その土地に（建物を建てるなどといった）開発を行う権利ではない。建物を建てるなどして土地利用を変更すれば、周りの人々にさまざまな影響を与えかねないから、土地を開発する権利は土地の所有者のものではなく、公共のものだと考えられているのだ。したがって、土地利用の変更は都市計画によって（しばしば厳しく）制限される。

　ところが、日本人の多くは、所有権には開発権が含まれているように考えている。実際、日本では、都市計画による規制が甘いので、広い庭を所有していれば、そこに住宅やアパートなどを建設できるのが普通であり、所

有権には開発権が含まれているように考えている。

　しかし、これは日本では常識であっても、世界では非常識なのだ。世界の常識に立てば、スイス人が言っていたように、都心部における貴重な日本庭園を守っていくべきだったことが、今にしてみれば後悔されるのである。

７．空き地や空き家があるのに、新築住宅や　集合住宅（賃貸アパート）がつくられる

　現在の日本のまちづくりにおける最大の問題は、日本中の市街地のあちこちに空き家や空き地が生じていることであろう。空き家や空き地があちこちに存在するような環境は、認知症の人にとっては危険ですらある。認知症の人が道に迷い、空き家の裏手などに入り込んでいたのが死後になって見つかったりすることが報告されていたりする。

　ちなみに、イギリスの都市計画において最も嫌われているのは、空き家や空き地の存在である。都市計画の第一の目的は、（利用されない）空き家や空き地をつくらないようにすることだ、とさえ言えると思う。

　土地利用の変更にあたって開発許可を必要としているイギリスでは、既存市街地に空き家や空き地が生じているような状況で、市街地の外側で新たな開発を行うことはまず絶対に認められない。既存市街地にある空き家や空き地を埋めていくことが、都市計画において最優先さ

れるからだ。

そもそも、空き家や空き地が点在することは、寂れ荒んだ環境であることを露呈してしまう。空き家がきちんと維持されていても、家並みのところどころに売り家のサインがあるのは、決して感じが良いものではない。ましてや、空き家が放置されていたり、空き家が取り壊されて空き地になり、連続した家並みのあちこちに歯抜け状の空き地が生じていくような状況は、都市計画家にとっての悪夢でしかない。

しかし、この悪夢が現在の日本の市街地の多くで現実のものとなっている。

日本の各地では、空き家や空き地が急激に増加しつつある一方で、新たな住宅地が開発されたり、既存の宅地を細分化したミニ開発が行われていたりする。

前章末に述べたように、筆者は十数年前に、首都圏の各地において、すでに賃貸集合住宅の空き家が過半数に達しようとしていたことを調べたのだが、現在でも新たな賃貸アパートの建設はとどまる気配がない。テレビなどでは、賃貸アパート経営を薦めるCMが溢れているし、賃貸アパート経営を薦めるセールスマンが、全国各地の地主たちを訪問している。

日本には、公示地価という制度がある。しかし、空き家や空き地が生じている地域においても、公示地価がそれほど下がってはいないのが不思議だ。公示地価の算定

にあたっての最有効指標として、賃貸アパート経営を用いていたりすることがあるからだ。

　日本では、さまざまなタイプの住宅の大量供給が続いている。無駄な投資に国民の希少な資源が向けられ、貧困化をたどるとともに、空き家や空き地が急増している。

　都市計画分野の研究者たちは、虫食い状にスカスカになっていく市街地を「スポンジ化」と形容している。「スポンジ化」した環境は、高齢者や認知症の人々だけでなく、すべての人に有害な環境である。この「スポンジ化」が日本の国土のあちこちを、末期癌のように蝕んでいる。

8．税収の増加は、社会的な便益（ベネフィット）ではない

　日本の国土のあちこちで空き家や空き地が虫食い状に広がり、市街地がスポンジ化しつつあることは、そうした地域での暮らしを続けざるを得ない高齢者や認知症の人々にとってだけでなく、すべての国民にとっての脅威である。

　しかしながら、地域行政にとってのスポンジ化の脅威は、環境の悪化そのものにあると言うよりも、行政サービスの効率が低下し、（住民1人当たりの）費用が増大していくことによって、財政が危機に陥ることにあると捉えられているようだ。

　つまり、空き家や空き地が虫食い状に広がっていくことは、道路・上下水・ゴミ収集などの行政サービスを行うべき対象面積は変わらない（したがって、サービス費用は同じように生じる）のに対して、道路・上下水・ゴミ収集などの行政サービスを享受（あるいはサービス費用を負担）する住民数が減っていくことだから、将来の財政に関わる重大な問題だという認識である。

　日本の多くの都市においては、コンパクトシティという目標を掲げ、立地適正化計画を策定しようとしている。そうした計画づくりにあたって、費用・便益（コスト／ベネフィット）の分析が行われていることがある。

　筆者にとって気がかりなのは、税収の増加を便益（ベネフィット）として計上しているような分析である。実は、税収の増加は政府にとっては便益であるが、納税者にとっては費用（全く同じ額の税負担の増加）であるから、（政府や民間企業や一般住民などのすべてを含めた）社会的な立場から見れば、相殺してゼロになるという事実だ。税収の増加は（社会的な）便益ではないのである。

　筆者は、開発途上国の公務員や開発銀行の職員などを対象とした投資プロジェクトの経済評価（費用・便益分析）の方法についての（世界銀行からの講師と共に）研修講師を務めていたことがある。

　こうした投資プロジェクトにあたって重要なのは、社会的な立場からの費用と便益を正しく見積もることである。税収の増加を便益と見做すことは、経済学の基本に

照らして誤っているのだ。

　税収の増加を社会的便益として勘定してしまうと、都市郊外へのショッピングモールの誘致などは、税収の増加をもたらすので、地域社会の役に立つ開発だと見做されかねない。既存市街地の中心地が寂れていくとしても、地域社会の全体は税収の増加によって十分に報われるという、誤った判断を導いてしまうからだ。

　空き家や空き地が増加しているにもかかわらず、新開発や賃貸アパートなどの建設は、税収の増加につながるとして黙認されてしまうだろう。立地適正化計画やコンパクトシティという掛け声が虚しく感じられる。

　税収の増加は、まちづくりにおける便益ではないのだ。税金は、地域の納税者が負担しているものであり、ショッピングモールのような地域外の企業に課税されていても、実質的には地域の買い物客たちが負担するのである。中心商店街が寂れ、市街地のスポンジ化が進めば、地域の魅力と活力が奪われていき、潜在的な税収源を確実に減らしてしまう。

　社会的に見れば、税収の減少は、社会的便益の減少（つまり、地域社会の貧困化）を意味しない。しかし、地域の魅力や活力の低下は、社会の貧困化を意味する。

　また、市街地のスポンジ化にともない増大していく、水道事業の維持改修費を節約するための民営化などが議論されていたりする。しかし、水道は典型的な地域独占事業であるから、競争原理が働かない。民営化は、水道

料金の値上がりをもたらし、住民を苦しめるだけで、改善策にはならない。空き家や空き地の無秩序な増加によって、市街地がスポンジ化していくことが問題なのである。

　コンパクトシティを目指した立地適正化計画は、補助金などによって都市機能を誘導するという考え方であるが、こうした誘導という（いささか悠長な）考え方によって、果たして計画的な土地利用が実現できるのであろうかと、筆者には疑問である。

　やはり、他国と同様、日本においても（所有権はしっかりと保障していくものの、土地利用の変更や開発といった行為については、公的な介入のもとに）その権利を厳しく制限していかねばならないように思う。これは、認知症高齢者が急増する一方で、人口の急激な減少局面にある日本では、待ったなしに取り組むべき課題であるはずだ。

9．公共駐車場の必要性

　日本の地方都市や町や村の多くは、車社会である。車がないと暮らしが成り立たないほどだ。

　日本の町の構造は、車の利用者には、暮らしやすくなっていると考えられがちだが、筆者の経験によると、実は、世界の多くの国々と比べてみると、むしろ車が使い

にくいことを知っておいてもらいたいと思う。

　交通手段としての自動車は、目的地で首尾よく駐車ができて初めて意味を持つ。車社会の便利さを享受するためには、①車のスピードが出せること、に加えて、②駐車が容易である必要がある。実際、スコットランドをはじめ、ヨーロッパ先進諸国の地方都市や町や村の多くは、車社会の便利さを享受するための上記２つの条件を備えている。しかし、日本のまちづくりでは、この２つの条件が満たされていないことが多いのだ。

　実は、上記の２つの条件は相互に絡み合っている。日本では、市街地外の沿道がさまざまな形で開発されているため、市街地と農地や林地との境界が明確ではない。市街地が無秩序に拡がっていると、交通事故の危険が増し、車のスピードが遅くなり、交通の効率が低下してしまう。つまり、無秩序な沿道開発によって、日本の経済基盤は不効率になっているのだ。

　沿道開発の代表的なものに、駐車場を持ったコンビニなどがあるが、沿道のコンビニでは既存市街地に比べると、駐車が簡単だ。郊外のショッピングモールに買い物客がやって来るのも、同じ理由である。

　沿道のコンビニや郊外のショッピングモールに客を奪われてきた結果、中心商店街などが「シャッター通り」と形容されるように寂れているのが、日本ではごく普通の光景になっている。しかし、すでに本書で述べてきたように、スコットランドをはじめヨーロッパの国々では、

地方の町や村の中心地が寂れていることは滅多にない。中心地の近くに、車の利用者のための公共駐車場（通常、トイレが付属している）がつくられているからである。

　しかも、ヨーロッパの国々では、沿道にコンビニなどをつくることは都市計画が規制している。スーパーマーケットやショッピングモールなども、郊外ではなく中心地やその近くにつくられる。したがって、市街地は歩行者のための環境になっており、高齢者や認知症の人々にもやさしい環境になっているのである。

　ヨーロッパの国々では、駐車スペースの確保は都市計画（行政サービス）の一環として行われている。たとえば、車の所有者は、自治体から路上駐車の許可証を発行してもらい、この許可証をフロントガラスの貼っておけば、住民用に指定された路上駐車帯を使うことができたりする。

　ところが、日本の自治体（警察）は路上駐車を取り締まるだけで、駐車スペースを確保することは民間まかせにしていることがほとんどだ。

　日本では中心市街地を訪れる人たちのための公共駐車場を整備していないので、中心地に立地している商店などは自店の客専用に駐車スペースを用意することが多い。また、空き地が民営駐車場になっていることも多い。この場合の問題は、連続した街並みが駐車場によってブツ切りになり、景観が醜くなることだけでなく、不便なことである。

店の客専用の駐車場では、車を停めたままにして他の店を訪ねたり、町を歩き回ることができない。そこで、地元の商店街のための共同駐車場をつくることもある。しかし、共同駐車場は、地元商店での買い物客や飲食客のためのものであり、ウインドウ・ショッピングを楽しみながら散策するとか、街のベンチに座ってのんびりと過ごすといった人たちには利用できないことが普通だ。また、民営駐車場の利用には結構な金額が求められる。

　結果として、車の利用者はタダで駐車できる沿道のコンビニや郊外のショッピングモールに向かうことになり、中心市街地を訪れる人々が減り、町の生気が失われてしまうのだ。

　中心地が寂れた環境は、認知症の人たちにとってだけでなく、（日常的に自動車を利用している人々をも含めて）すべての人たちから生活の楽しさを奪ってしまう。歩ける町を実現していくためには、自動車が便利に駐車できる都市計画を行っていくことが必要なのである。

　ところが、駐車場は問題ではないという意見を聞くことが多い。その理由は、祭りなどのときには、いつもの閑散とした街路が、見物客で溢れるほどの人出になっても、駐車場の不足が問題になるようなことはないからだという。問題は駐車場ではなく、町（とくに商店街）の魅力不足にある、というわけである。

　もちろん、このような考え方は間違っている。町の散策や買い物のために、お祭りのときのような駐車の面倒

が連想されるようでは、町への訪問を躊躇するのは明ら
かだからだ。

10.　日本の根本的な問題に対処するべき

　本章では、認知症にやさしい（ハード面の）まちづく
りを阻んでいる、いくつかの基本的な問題が日本に存在
していることを述べてきた。これらは日本に特有な問題
であり、他の先進諸国とは著しく異なっているのだが、
気づかれにくい問題でもある。

　たとえば日本人にとって、庭の大きい（つまり、敷地
面積が大きい）住宅の価格が、庭が小さい住宅よりもず
っと高くなることは、ごく当たり前で自然であり、常識
的だとさえ言えよう。むしろ、イギリスがそうでないと
すれば、なぜかと不思議に思われるのではないだろう
か？

　しかし、イギリス（や他の先進諸国）では、大きな庭
があったとしても、そこにアパートなどの建物を建てる
ことは許されず、建て替える場合でも、もともとの建物
と全く同じようでなければ通常は許可されないのだとす
れば、どうであろうか？

　そもそも、もし、もともとの建物と全く同じようでな
ければ建て替えすらできないのだとすれば、建て替える
よりも、もともとの建物をできるだけ長く、大事に使っ
ていこうとするはずである。アメリカやイギリスやフラ

ンスなどでは、新築住宅に比べて、中古住宅の流通がはるかに多いということの背景には、そうした事情が隠れている。

　日本では、住宅の価格を土地と建物とに分けて考え、不動産の価値（や税額）もそのようにして算定しているが、こうした土地についての考え方が、認知症にやさしいまちづくりを阻害する要因になっている。

　バートンとミッチェルが見いだした認知症にやさしいまちづくりについての原則の一番目は、「馴染んでいる」であった。しかし、土地と建物を分けて考えている日本では「馴染んでいる」環境をつくりあげ維持していくことが、そもそもひどく難しい仕組みになっているのだ。

　そして、その最悪の帰結が、人口が減少していく中で、ミニ開発や賃貸アパートなどの新築住宅の供給が抑えられず、市街地の「スポンジ化」が進んでしまい、徒歩での生活が困難な地域が広がってきていることである。

　認知症にやさしいまちづくりのためには、日本が抱えている根本的な問題を解決すべく、こうした趨勢にストップをかけ、徒歩での生活を楽しめるような環境を取り戻すための方策を、ゼロベースで考えることが必要だ。

コラム：“認知症にやさしい”国際的なロゴマークについて

　第3章において、ジェームズ・マキロップさんが「認知症にやさしい」国際的なロゴマークについてのアイディアを筆者に語ってくれたことを書いた。

　実は、ジェームズに初めて会った時、（日本の認知症サポーターに倣った）認知症フレンズについて、どう思っているかを尋ねてみたことがある。

　「道が分からなくなるなど、認知症の人に困ったことが生じたときには、認知症フレンズが役に立つのではないのか？」と。

　ジェームズが言うには、そもそも誰が認知症フレンズなのかが分からないから、認知症フレンズを当てにすることはできないとのことであった。逆に言えば、認知症フレンズ（認知症サポーター）の立場でも、誰が認知症の人かが分からなければ、助けたくても助けることは容易にはできない。

　筆者も認知症サポーターなのだが、認知症の人が困っているという場面に遭遇したことがない。というよりも、誰が認知症の人なのかが、そもそも分からないからだ。

　2017年に京都で行われたアルツハイマー病国際大会における質疑の場で、ある質問者が、

　「道に迷って行ったり来たりしていた（認知症と思し

き）老人を見かけたので、『何かお困りでしょうか?』
と声をかけたところ、その老人から『あなたは、どなた
ですか?』と逆に問い返され、申し出を断られてしまっ
た」という経験を語った。

　つまり、（知り合いでない限りは）認知症の人（と思
しき人）を見つけることがそもそも非常に難しいことに
加え、その本人が他人に助けを求めようと思っていなけ
れば、認知症フレンズ（認知症サポーター）であっても、
役に立ちようがないということが分かるエピソードであ
る。

　その点、「認知症にやさしい」ロゴマークには、そう
した困難がない。認知症の人がロゴマークを見つけさえ
できれば、必要なときに役立ってくれるはずだ。それは、
ちょうどトイレを探しているときに、トイレのマークを
見つけるようなものだ。トイレに行く必要がないときで
も、あちこちにマークがあれば安心していられる。

　認知症の人が銀行に行くときや買い物に行くとき、カ
フェやレストランに入るとき、またバスに乗るときなど
に、入り口に「認知症にやさしい」マークを見つければ、
きっと安心できるだろう。「認知症にやさしい」マーク
のついた店などでは、認知症にやさしい、分かりやすい
案内表示などが行われていることに加え、訓練を受けた
店員によって、気配りのある適切な接客が受けられるこ
とが必要条件だ。

　さまざまな町のさまざまな場所に「認知症にやさし

い」（できれば国際的にも通用する）マークが増えてい
けば、認知症の人を含めたすべての人たちが安心して暮
らせるような社会になっていくだろう。

　そこで大事なことは、マークが分かりやすいことだ。
マキロップさんは、駐車場の'P'とか、トイレの男女
の図柄のようなものが良いといっていたが、これがなか
なかに難しい。

　第4章において、筆者が知人のグラフィック・デザイ
ナーに頼んで、仲間のデザイナーに声をかけてもらい、
「認知症にやさしい」国際的なマークの案を募ったこと
を述べた。

　実は、案の募集は2度にわたって行い、筆者は京都で
のアルツハイマー病国際会議の場で、これらの案を提示
したのだが、残念ながら筆者が発表した分科会の出席者
は100人に満たなかった。

　この中の3つの案を、ここに示す。なお、事前にジェ
ームズに意見を聞いたところ、彼が一番気に入ったのは
3番目の案（図柄は赤）であり、シンプルで分かりやす
いということであった。

「認知症にやさしい」国際的なロゴマーク（案）
デザイン：小泉　芳則

終　　章
「認知症にやさしいまちづくり」のための処方箋.

1.「認知症にやさしいまちづくり」に よって、認知症の人たちを支える

　第3章において、認知症の当事者の声によって社会を変えていくための活動組織を、世界で初めて立ち上げたジェームズ・マキロップさんにお会いした時の様子を、かなり詳しく紹介した。

　ジェームズが認知症だと診断されたのは59歳だった1999年であり、スコットランドでお会いしたのは2016年（なお、最後にお会いしたのは京都でのアルツハイマー病の国際大会の2017年）であったから、17年もの長い期間にわたって、彼の認知症はほとんど進んでいなかったことが分かる。

　それどころか、診断直後には自信を失い、気持ちが落ち込むあまり、家族に攻撃的な行動をとりがちだったということだから、その後の彼の認知症の症状は改善し、さらに、改善した状態が長期にわたって維持されてきていることが分かる。

　彼の認知症状は、お金の勘定が上手にできず、また靴ひもをうまく結べないことにあるということだったのだが、少しばかり会ったくらいでは、彼が認知症を抱えているとは誰もが気づきそうには思えないのである。

　ジェームズの認知症は、脳梗塞による脳血管性であったから、その後の脳梗塞の発症がうまく予防できたのか

もしれない。

　しかし、世界で初めて認知症の本人として社会に向かって声を上げたクリスティーン・ブライデン（旧姓ボーデン）さんは、1995年、46歳でアルツハイマー病の診断を受け、49歳で前頭側頭型の認知症と再診断を受けた人である。そして、その後20年余り、執筆や講演によって認知症の本人の立場から社会への提言を続けている。

　日本でも2005年、51歳の時にアルツハイマー型認知症の診断を受けた佐藤雅彦さんが、認知症本人の立場から執筆や講演によって社会への提言を続けている。藤田和子さんや丹野智文さんも、認知症の本人としての啓蒙活動や社会への提言を積極的に行っており、その様子がテレビ番組で紹介されていたから、ご存じの読者も多いだろう。

　彼らに共通していることは、認知症を抱えていても、傍目<ruby>はため</ruby>にはとても認知症の人だとは思えないほどに、しっかりとした知的な活動能力を維持していることである。

　逆に言えば、認知症の本人の声を社会に届けたいという使命感のもとに、彼らが積極的に社会的な活動を行い、彼らの脳にさまざまな刺激が与えられることが、認知症状の改善につながっているはずだし、また、認知症の進行をも抑えているはずだ、という可能性だ。

　医学的な経験知識によれば、認知症の進行はかなり速いようである。クリスティーン・ブライデンさんが診断を受けた時に告げられたのは、５年くらいで知的能力を

失い、6〜8年ほどで死に至るだろうということであったことが彼女の著書に書かれている。

　実際、アルツハイマー病の生存率の統計（Brookmeyer R, et al. Arch Neurol, 2002）によると、診断時に75歳未満だった人の半数が6年後には死亡している。

　しかしながら、こうした医学統計的な知識は、社会的な活動を行っているジェームズやクリスティーン、佐藤さんや藤田さんや丹野さんには、当てはまらないようだ。

　さらに、本書の第1章に紹介したトム・キットウッドの「パーソン・センタード・ケア」についての知見などに照らすと、認知症の人の脳の神経細胞が常に触手を伸ばして新たなシナプスを形成し、神経回路をつくっていくという「脳の可塑性」にこそ注目すべきなのであろう。「脳の可塑性」の驚異的な力を教えてくれる本に、ジル・ボルト・テイラー『奇跡の脳』【＊14】（原題 "My Stroke of Insight" 【＊15】）がある。

　脳解剖学者の著者が37歳の時に脳卒中で倒れ、その後に回復していく過程を、自身の貴重な経験として語っているのであるが、その本で彼女がまとめている「最も必要だった40のこと」は、脳に障害を負った人が、神経回路を修復していくにあたっての、40の要望の具体的な箇条書きである。これらの項目は、

「わたしはバカなのではありません。傷を負っているのです。どうか、わたしを軽んじないで」から始まっており、安心や励ましといったものの重要性をまとめたもの

であり、認知症の人についてもそのまま当てはまりそうなことが分かるのである。

　こうした知見を総合していくと、序章で紹介した、OECD のレポート（Addressing Dementia, 2015）に引用されているドレスらの研究による、認知症の本人たちが「生活の質」としてとくに重視している 4 つの項目が、脳の修復にあたって（つまり、脳の神経細胞が新たな神経回路をつくっていくことによって、認知機能を改善し、維持していくにあたって）の望ましい環境条件になっていることにあらためて気づかされる。

　この 4 つの項目は、まさに「認知症にやさしいまちづくり」の勘どころでもあるので、以下に再掲しておく。

◇社会的な関わり

　周りの人とのつながりを維持する

　話しかける人がいる

　気持ちを伝えることができ、楽しさを周りの人と共有する

　社会的活動や余暇活動に参加できる

◇快適さと安全

　快適で安全だと感じられる環境で暮らす

　お金の面での安全

◇健康

できるだけ体の健康が保たれること

◇尊厳と自立、自分でいられるという感覚
　自立して、自分で選択してコントロールできること
　信念や信仰など、自分だという感覚が維持できること
　認知症への偏見に遭わないでいられること

2．認知症サポーターを考え直す

　本書では、先進地であるスコットランドにおける「認知症にやさしいまちづくり」がどのようなものであるかについて、筆者が見聞きしてきたことを紹介してきた。

　その中で、イギリス（スコットランド）における認知症フレンズが、日本の認知症サポーターに倣ったものであること、そして、スコットランド各地において行われている「認知症にやさしいまちづくり」においても、認知症フレンズが養成されていることを見てきた。

　日本では、すでに1000万人を超える認知症サポーターが養成されたと報告されている。しかしながら、少なくとも筆者が経験したことに照らしてみると、日本の認知症サポーターの養成講座の受講者は、認知症の人たちの家族などが大多数であり、受講後に終了証としてのオレンジ色の腕輪が手渡されると、それで終わりであった。そして、受講者に何かが求められるということはなかっ

た。

これに対し、スコットランドでは、地域の商店の店員など、地域において日常的に認知症の人たちと接する機会が多い人たちが、講座の主な対象であった。

また、地域の小学校の生徒たちも対象であった。認知症を「病気」としてではなく、「人」として見ることの重要性を強調してもいた。小学校の生徒たちは将来の地域の担い手である。講座を受けた生徒たちの中には、帰宅後、このことを家族に話すこともあろう。講座の終了後には、ボランティアとして参加する意思の有無や、連絡先などの確認も行われていた。

つまり、日本では認知症サポーターの養成人数のみを目標としているように感じたのだが、スコットランドの認知症フレンズの養成にあたっては、彼らを「認知症にやさしいまちづくり」にどのように生かしていくかについての明確な意図を感じたのである。

前のコラムで述べたように、ジェームズ・マキロップさんが筆者に語ったことだが、認知症フレンズ（認知症サポーター）がいるとしても、自分には誰なのかが分からないから、認知症フレンズ（認知症サポーター）を当てにしたことは全くないということであった。

また、2017年に京都で行われたアルツハイマー病国際大会における質疑の場での、「認知症と思しき老人に声をかけたが、申し出を断られてしまった」というエピソードを書いたが、認知症サポーターにとっても、誰が認

知症の人であるのかが分からなければ、助けることはできない。もし仮に、認知症の人が困っているようだと分かったとしても、当人が助けを求めていない限り、助けることは難しい。

　これらのことからも、認知症サポーターを大量に養成していくだけでは、「認知症にやさしいまちづくり」を実現していくことは難しそうであることに気づかされるのである。

　つまり、地域で暮らしている認知症の人にとって、自分の周りの環境や人々が、自分の助けとなり、安心を与えてくれる存在であることが、ごく当たり前に感じられるような地域づくりのあり方が問われてくるのだ。

　ちなみに、私が住んでいる横須賀市（北下浦地区）においては、認知症への偏見がまだ根強く、認知症にやさしい町は実現していないようである。筆者の家からそれほど遠くないところで認知症デイサービスを運営している人の話によれば、利用者の家族の人たちが近所の目を気にしているので、近所の施設を避ける傾向があり、そのため、徒歩でのデイサービス利用を考えてはおらず、車の送迎サービスが必須になっているとのことであったからだ。

　近年の高齢社会の進展とともに、高齢者介護施設の名称を車体に記した車などをしばしば見かけるようになった。訪問介護や支援、また訪問医療などには、車が欠かせないであろうが、認知症にやさしいまちづくりが行わ

れていれば、歩行可能な認知症の人に対するデイサービスは、自宅からの徒歩利用が多数あっても良さそうである。

　地域の偏見を意識してしまうあまり、近くのサービスを避け、わざわざ遠くの施設を選んでいるという現在の姿は、ひどく不合理であり、悲しくさえ感じてしまう。具体的な工夫や取り組みによって、認知症の人や家族にとって、地域のやさしさが実感できるような、まちづくりを行っていくことが必要であろう。

　そこで役立ちそうなのが、第3章において紹介した、駐車場の'P'とかトイレの男女の図柄といった、認知症の人にとっての助けとなるような、「認知症にやさしい」場所であることを分かりやすく伝えられる国際的なロゴマークをつくるという、ジェームズのアイディアである。

　これについては、前章のコラムでも紹介したが、この終章では、スコットランドでの見聞やその後に考えてきたことをもとに、「認知症にやさしいまちづくり」についてのソフト面とハード面の提言としてまとめたい。

　言うまでもなく、世界の中で最も人口の高齢化が進んでいる日本は、認知症の脅威に最も強く晒されている国である。同時に、労働人口が急速に減少しつつある日本は、これまでの拡大型の経済発展モデルを修正していくことが迫られている国でもある。日本の高齢化は危機的な状況だとも言えるものであり、この日本の危機には、

世界が注目している。

　この終章では、「認知症のためのまちづくり」を（原点に立ち返り、ゼロベースで）進めることが、日本の新たな発展の基盤づくりにつながるのだということを主張したい。

　危機的な状況下における弥縫的な考え方や小手先の策を弄することは、状況の悪化を招きかねないからだ。「認知症のためのまちづくり」は、日本が直面している大きな課題であり、この課題に対処するためには、原点に立ち、ゼロベースで見直すことが必要だからである。

3．ボランティア組織やチャリティー団体を育てる

　スコットランド（おそらく他の欧米諸国を含めて）で顕著なことは、ボランティア組織やチャリティー団体が「認知症にやさしいまちづくり」に果たしている大きな役割であろう。

　とりわけ大きな組織は「アルツハイマー・スコットランド」であり、約7000名の会員を持ち、1000人ほどのスタッフと700人強のボランティアが活動を担っているチャリティー団体である。

　この団体は、スコットランド全国60カ所に支部を持って、デイ・ケアを運営するなどのほか、スコットランド全域でさまざまな活動を展開している。「アルツハイマ

ー・スコットランド」の活動費の大部分（7割近く）には、公的資金が投入されており、公的な補助をほとんど受けていない日本の非政府組織との大きな違いになっている。

　認知症分野における日本で一番大きな非政府組織は「認知症の人と家族の会」であるが、ほぼ会費のみで運営されており、「認知症の人と家族の会」の専属スタッフは、本部所在地の京都における7～8名だけであるとのことであった。

　一方、「アルツハイマー・スコットランド」は、同様に非政府組織でありながら、北海道とほぼ同じ人口・面積の地域において、1000人もの専属のスタッフをもって活動している。

　ちなみに、2017年に京都で行われた第32回国際アルツハイマー病協会国際会議の日本側の主催者は「認知症の人と家族の会」であったのだが、会議の発表などの問い合わせに対応してくれたのは、イギリスやドイツなどの外国の非政府組織の人々であった。つまり、京都における国際会議において実質的な運営を担っていたのは、必ずしも日本の（主催者である）「認知症の人と家族の会」ではなかったことに気づかされた。

　非政府組織に対する公的支援がほとんど行われていない日本では、残念ながら、認知症分野に限らず、非営利組織の活動は国際的に見ると惨めなほどに脆弱なのだ。

　ボランティア組織やチャリティー団体は、多くの政府

組織や営利会社のような上意下達のピラミッド型の組織ではなく、柔軟でフラットな組織であり、互いに手を伸ばし合う組織であることに特徴がある。「認知症にやさしいまちづくり」のためには、互いに手を伸ばし合うことが求められるから、日本においてボランティア組織やチャリティー団体などの非政府組織を育てていくことは、緊急の課題だと言えるだろう。

　厳しい財政事情にある日本では、現在、さまざまな社会活動において、社会福祉法人などへの業務委託という動きが見られるようになっているが、政府と非政府組織との連携をさらに進めていくことは、政府予算の節約のためだけでなく、サービス水準の向上のためにも有効だからである。

　現在の日本では、認知症の人たちへのサービスを含め、高齢化が進んでいる地域社会における在宅医療と福祉サービスの緊密な連携を目指して、地域ケアシステムの対応窓口を地域包括センターに一本化するとともに、各自治体は市民ボランティアたちを動員すべく、さまざまな取り組みを行っている。

　認知症にやさしいまちづくりのためには、たとえば認知症カフェを増やしていくといった、ソフト面での取り組みの充実が望まれよう。このためにはボランティア組織やチャリティー団体などの非政府組織を支援し、育てていかねばならない。自治体などの行政が、こうした組

織の支援にあたって、「お金は出すが、口は出さない」というスコットランドのやり方は、日本にとっても参考になり得ると思う。

　日本にも、第4章末のコラムで紹介した「すずの会」のような優れたボランティア組織がないわけではない。しかし、資金面での支援をほとんど受けることなく、ボランティアたちだけによって「すずの会」の活動が持続的に拡大発展してきたことは、きわめて稀な例であるように感じる。

　本来であれば、非政府組織の活動に関わるボランティアたちは、それぞれが得意にしていることや楽しむことができる分野で力を発揮し、雑用的な仕事に追われてしまうことがないように、最小限のスタッフが雇用できるくらいの資金が手当てされるべきであろう。

　そして、こうした非政府組織の責任者には、できればソーシャル・ワークについての専門的な能力と意欲を持った人材を登用し、それに相応しい報酬をもって報いていくべきなのではあるまいかと思う。

　本章前のコラムで述べたように、スコットランドでは、こうしたソーシャル・ワークのほとんどは女性が担当している。「認知症にやさしいまちづくり」は、多くの女性たちにとっての得意分野であるから、女性のキャリアづくりにも資するだろう。

　これまで本書で述べてきたように、認知症についての

考え方は、近年、大きく変化している。ボランティア組織やチャリティー団体には、認知症についての最新の知識やノウハウを蓄積し、こうした知識やノウハウを社会へ普及していくという役割が期待される。

　現在の日本の（たとえば「認知症の人と家族の会」などの非政府組織を支えているのはボランティアたちであり、その多くは過去に（あるいは現役で）医療や介護の仕事を経験してきた人たちである。しかし、認知症ケアの分野において、過去（や現在）の経験に頼るというのは、新たな時代を先導していくには不向きだ。

　ボランティア組織やチャリティー団体は、最新の知識やノウハウで武装されているべきであり、ボランティアたちには、最新の知識やノウハウについての十分な教育や研修の機会を提供していくことが必要だろう。

　日本は現在、人口の減少による経済規模の縮小という問題に直面している。人口の高齢化とともに（おそらく今後とも増えていくであろう）認知症への対策を進めていくためには、現在のピンチを逆にチャンスだと捉え直し、新たな発展の道を切り開いていくことが求められている。

「認知症にやさしいまちづくり」が、ボランティア組織やチャリティー団体を育てていくことを通じて、新たな発展の道をもたらし、さらに、日本の再生を促進するというシナリオにつながることを提唱したい。

4．「利益相反」への意識を高めて、新たな発展を切り開く

　ところで、非政府組織の運営にあたって重要なことは、「利益相反」が生じることがないように、周到に注意を払っていくべきことである。残念ながら、日本では「利益相反」についての意識が乏しい。

　認知症についての啓発セミナーやシンポジウムのパンフレットを見ると、主催者や協賛者として非営利団体や自治体などとともに、製薬企業の名前が記載されていることが珍しくない。これは日本人が営利企業との癒着や「利益相反」に無頓着であることを示しているが、国際的な感覚とは相容れない。

　ちなみに、京都の認知症の国際会議においては、発表内容のすべてについて「利益相反」の有無を確認していた。

　本書のコラムにおいて述べたように、イギリス（やスコットランド）は「利益相反」に敏感な社会である。非政府組織の活動によって「認知症にやさしいまちづくり」を進めていくにあたっては、背後に営利企業の影が存在していてはならない。

　そのためには「利益相反」についての人々の意識を高めていくことが必要になる。そして、日本の社会が「利益相反」の存在を放置せず、意識を研ぎ澄ましていけば、

ボランティア組織や非営利団体に活躍の場を拡げていくとともに、日本の職業倫理についての国際的な信頼を高めることにもつながっていくはずである。

「認知症にやさしいまちづくり」を進めていくには「利益相反」についての意識を高めることが不可欠になってくる。そして、「利益相反」への意識が高まっていけば、専門技能者やコンサルティング企業などの国際的な信頼が高まり、国際競争力を確立していくことにつながる。

つまり、非政府組織の活躍によって（ソフト面における）「認知症にやさしいまちづくり」を進めていけば、「利益相反」への日本人の意識を高めていくことになり、このことが日本の専門職能分野における信頼性や国際競争力を高めていき、今後の日本の知識産業の発展に役立っていく。そのような社会を形成していくことを提唱したいのである。

あとがき

　筆者は妻と共に、2016年の春〜夏にスコットランドの
スターリング大学のキャンパスに滞在した。

　この期間、同大学の認知症ケア開発センター内に研究
室を提供され、客員研究員として調査研究を行うことが
できたのだが、振り返ってみると、この時期は認知症に
やさしいまちづくりの研究に取りかかる上での絶好のタ
イミングであった。

　認知症の人の人権が、障害者の人権と同じように考え
られるべきだという気運が国際的に高まってきたタイミ
ングであり、公共の環境デザインを、車椅子を使う障害
者の人々に使いやすくあるべきだという考え方が、認知
症の人々を含めたすべての人々にも使いやすくあるべき
だという考え方に、さらなる進化を遂げようとしている
タイミングでもあったからだ。

　日本においては、認知症にやさしい地域づくりに向け
た施策としてのオレンジプランが、新オレンジプランへ
と移行しようという時期である。

　新オレンジプランには7つの施策が謳われているが、
その中の「認知症を含む高齢者にやさしい地域づくり」
の施策は、医療・介護分野にとどまらず、関連府省庁と
の共同した取り組みとなっている。さまざまな環境を、
認知症の人々を含めたすべての人々にも使いやすくして

いくためには、こうした総合的な取り組みが必要とされることは間違いない。

また「認知症の人や家族の視点の重視」が施策のひとつとして掲げられており、ほかのすべての施策への横断的な適用が意図されている。

新オレンジプランにおけるこれら2つの新たな施策は、認知症先進地スコットランドの経験から学ぶことができる最適なテーマであり、この本を執筆する目的にも適っていたことに気づかされる。

というのも、スコットランドの町の多くでは、すでに認知症の人々にやさしいデザインが実現されているからである。この本では、デザインの重要性についての説明をかなり詳しく行った。同時に、日本の町が抱えている課題や問題点にも触れてきた。

スコットランドは、認知症の当事者が世界に先駆けて、自分たちの声を発信する組織（認知症ワーキンググループ）を立ち上げ、それを受けて、認知症の人や家族の視点を重視した施策がすでに実施されてきている先進地である。

われわれは、認知症ワーキンググループを立ち上げたジェームズ・マキロップさんに計5回、さまざまな機会にお会いし、話を交わすことができた。

この本では、こうした話を紹介していきながら、われわれが目にすることができたスコットランドにおける認知症への取り組みの姿を報告してきた。こうした取り組

みの中には、筆者になかなか理解できなかったものもあったのだが、この本では、スコットランドと日本との、社会文化的な違いといったことにも触れながら、できるかぎりの解明を試みた。スコットランドのやり方を日本に取り入れていく際に、ぜひ参考にしていただければありがたい。

　認知症にやさしいまちづくりは、現代のグローバル化した資本主義における貪欲で近視眼的に利己的な利益の追求を許してしまうような経済体制に巻き込まれないで、もっとエコで持続可能な社会をつくっていこうという一連のまちづくりの考え方に近いところがあるように筆者は感じている。

　ジェームズ・マキロップさんが強調していたのは、「認知症にやさしい」ということは、「すべての人にやさしい」ということである。

　筆者も同感である。「認知症にやさしいまちづくり」を進めていくことで、日本をさらに良い国にしていくことにつながっていくことが、筆者の願いである。

【参考文献】

洋　書

＊1　Who will I be when I die?

Christine Bryden（Borden）著（Jessica Kingsley Publishers）

＊3　Dementia: The One-Stop Guide（2015）

June Andrews 著（Souvenir Press Ltd）

＊4　The End of Alzheimer's（2017）

Dale Bredesen 著

＊6　Dementia Reconsidered: The Person Comes First（1997）

Tom Kitwood 著（Open University Press）

＊8　Aging with Grace（2001）

David Snowdon 著

＊10　Designing Outdoor Spaces for people with dementia（2012）

Annie Pollock 著（Hammond Press）

＊11　Inclusive Urban Design: streets for life

Elizabeth Burton, Lynne Mitchell 著（Routledge）

＊12　Design for Dementia（1998）

Stephen Judd, Mary Marshall, Peter Phippen 編

＊13　Disguised: A True Story（1985）

Pat Moore 著

＊15　My Stroke of Insight: A Brain Scientist's Personal Journey

Jill Bolte Taylor 著

Alzheimer's from the Inside Out（2006）

Richard Taylor 著（Health Professions Press）

Walkable City（2012）

Jeff Speck 著（North Point Press）
Small Town Sustainability（2009）
Paul L. Knox（著）（Heike mayer）
Staying in Life（2017）
Verena Rothe, Gabrielle Kreutzner, Reimer Gronemeyer（著）
（Transcript Verlag）

訳　書

＊2　『私は誰になっていくの？―アルツハイマー病者からみた
世界』（2003）
クリスティーン・ブライデン著（クリエイツかもがわ）
『私は私になっていく　認知症とダンスを』
クリスティーン・ブライデン著（クリエイツかもがわ）
＊5　『アルツハイマー病　真実と終焉』（2018）
デール・ブレデセン著（ソシム）
＊7　『認知症のパーソンセンタードケア』（2017）
トム・キットウッド著（クリエイツかもがわ）
＊9　『100歳の美しい脳』（2004）
デヴィッド・スノウドン著（DHC）
＊14　『奇跡の脳―脳科学者の脳が壊れたとき』（2009）
ジル・ボルト・テイラー著（新潮社）

和　書

『認知症・行方不明者1万人の衝撃』（2015）
NHK「認知症・行方不明者1万人」取材班（幻冬舎）

著者プロフィール

井上 裕 <small>(いのうえ ゆたか)</small>

1947〜2019
東京生まれ
東京大学工学部建築学科卒　英国エディンバラ大学留学　工学博士
明海大学名誉教授

主な著訳書
『痴呆を癒す建築』（訳書、鹿島出版会）
『ヨーロッパの町と村』（グラフィック社）
『これからの高齢者住宅とグループホーム』（学芸出版社）
『Creating Culturally Appropriate Outside Spaces and Experiences for People with Dementia』（共著本の第2章、Jessica Kingsley Publications）
『高齢者施設の整備状況と介護付有料老人ホームの計量分析研究』（共著本の編者、総合ユニコム）
『認知症にやさしい環境デザイン』（訳書、鹿島出版会）　など

令和日本の課題　「認知症」と「まちづくり」
──先進地スコットランドから学べること──

2024年1月15日　初版第1刷発行

著　者　　井上　裕
発行者　　瓜谷　綱延
発行所　　株式会社文芸社
　　　　　〒160-0022　東京都新宿区新宿1−10−1
　　　　　　　　　　電話　03-5369-3060（代表）
　　　　　　　　　　　　　03-5369-2299（販売）

印刷所　　株式会社フクイン

ISBN978-4-286-24783-0